感情＝身体エネルギーで、
「思い通り」を超える能力が発現

再創造する
天性の「動き」！

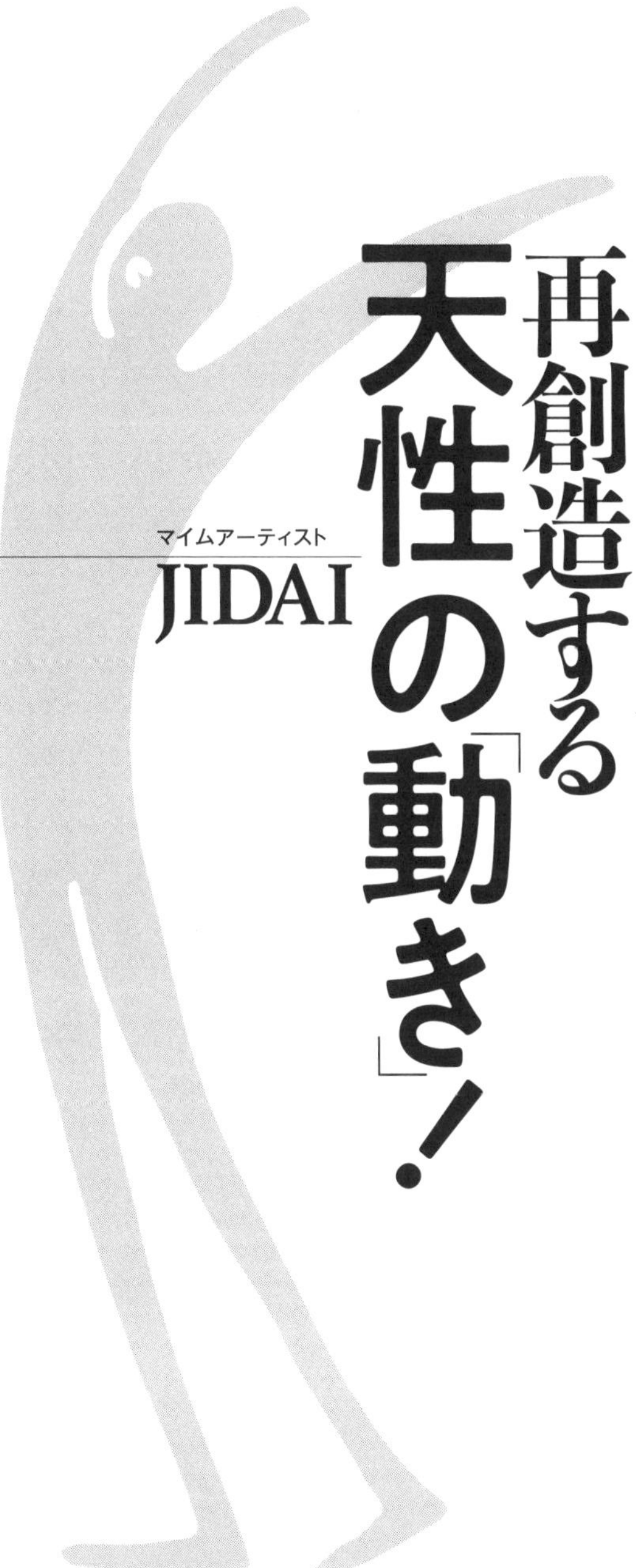

マイムアーティスト
JIDAI

BAB JAPAN

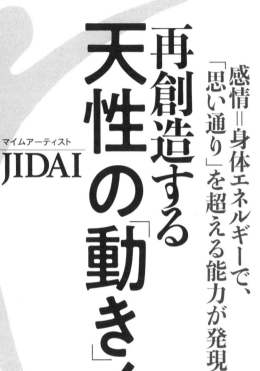

はじめに

スポーツでも踊りでも演奏でも、もちろん日常の動作でも、身体の動きが良いに越したことはありませんよね。その動きを良くしようというとき、あなたはイメージを使いますか？　それとも物理的な身体構造のことを考えますか？

あるいは、動きを良くするトレーニングはしてきたのに、試合や本番といった場での感情のコントロールがうまくいかず、トレーニングの成果が十分には発揮できないといったことはありませんか？

それとも、それ以前に、動きを良くすることと、身体を良くすることを混同してしまっているかもしれません。その辺りの違いを、前著『「動き」の天才になる！』ではお伝えしましたが、本書ではそこをベースにさらに押し進めて、冒頭のイメージや身体構造、感情といったところをお伝えしています。

本書内で詳しくお話ししていますが、例えば、イメージには**「思考的」イメージ**と、**「身体的」イメージ**があるんですね。いわゆる成功法則の「成功イメージを持つ」がうまく機能するかしないかの違いにも通じる、この「思考的」イメージと「身体的」イメージの違いは、エクササイズやトレーニングでイメージが役立つかどうか？　役立たせるにはどうしたら良いのか？　の、重要な視点になります。

また、初著書『筋力を超えた「張力」で動く！』から一貫したテーマでもあります、動きの良さに伴う快適さですが、それは決して運動の最中の高揚感や後の爽快感ではなく、身体構造に則ったエネルギーの流れに乗れているかどうか？　によるものです。そうであって初めて意味をなします。

ここを勘違いしてしまうと、ケガや故障につながってしまいますので、**どうしたら快適に動けるのか？**　今回も体感していただけるよう、具体例を挙げてお話しします。

さらに、「言葉を介しない他者との内面の共有」といった、一見、身体とは関係なさそうなことが非常に身体的なことであり、同時に「感情」というものが自分個人のものではないからこそ共有できるといったお話を通じて、**感情のコントロールや踊り・演劇などでの表現で極めて重要な、「思考的」感情と「身体的」感情の違い**に触れていただこうと思います。

そして、社会に適応するあまりに失われてしまった、あなたの中の「子ども」を取り戻し、「動物的な意味での人間」になる。**心も身体もより自分らしく、無理を少しでも減らしていくための手助け**になればと思います。

マイムアーティスト　ＪＩＤＡＩ

作品『無題』より

C O N T E N T S

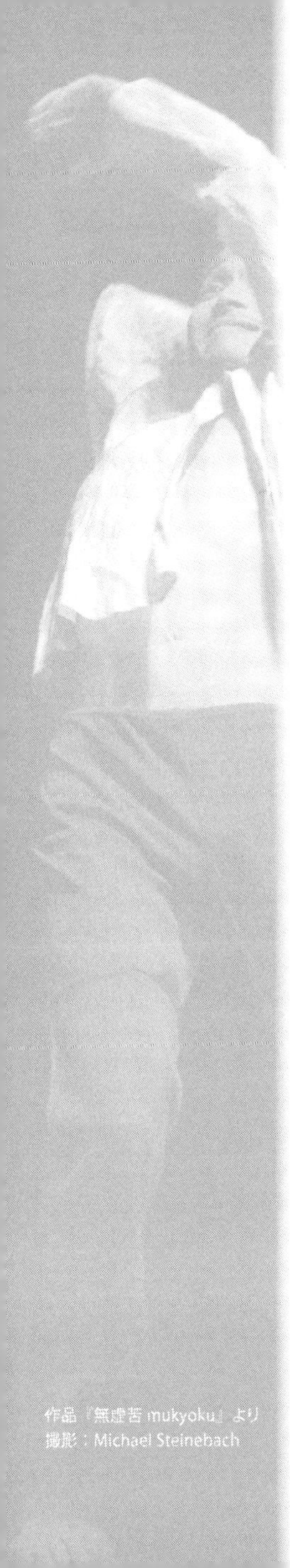
作品『無虚苦 mukyoku』より
撮影：Michael Steinebach

序章

思い通りに動くって？

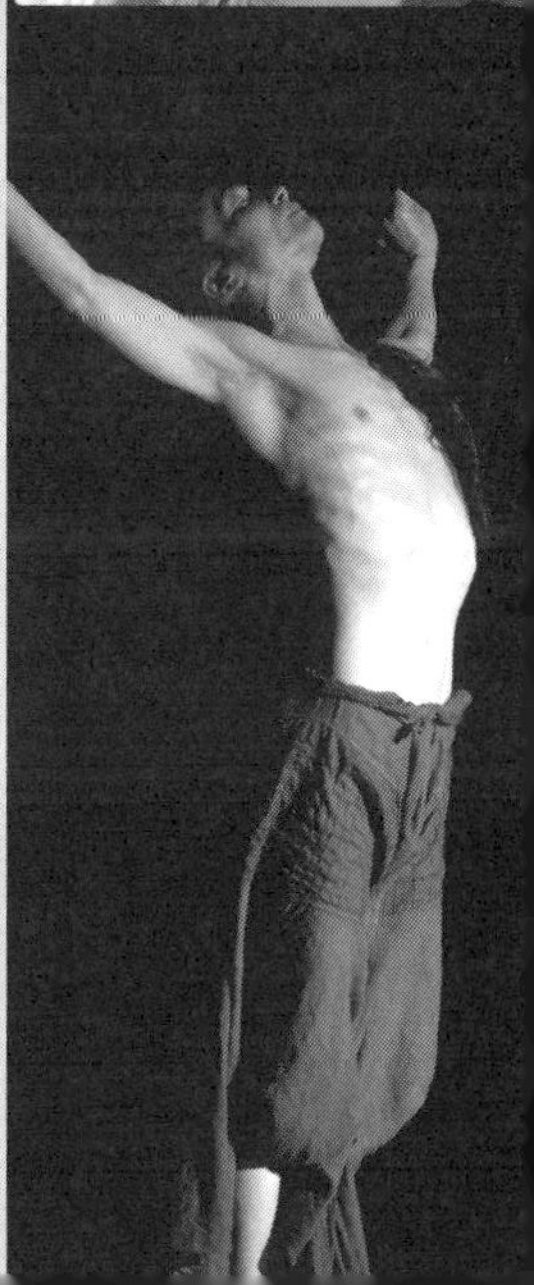

Photo:Christine

思い通りに動けるのは良いこと？

自分の身体を思い通りに動かせたら、気持ちいいですよね。歌も、思い通りに歌えたら気持ちいいでしょうし、何でも思い通りにできたら苦労しませんね。中には、「すでに思い通りにできていて気持ちいいよ」という人もいるかもしれません。

では、ちょっと考えてみましょう。

「思い通り」の「思い」は自分自身の思いですよね。ということは、**本人が思い通りにできていると思っていても**、端から見ると「え??」ということもあるでしょうし、本人はできていないと思っていても、周りからは羨ましがられるくらいかもしれませんよね。

さらに考えてみましょう。本当に「思い通りにできる」がいいのか？です。

結論を言いますと、私は**「思ってもみなかったことができる」**がいいと思うのです。例えば、声のワークをしていると、ほぼ全員がこんな発言をされるんですね。

「こんな声が出るの!?」「自分の声じゃないみたい…」

どうしてこんなことが起こるかといいますと、それは**身体の構造を優先**させているからです。

身体の構造を優先…？

多くの人は、自分の思ったことを実現させようとしますが、実現してくれるのは身体ですよね？　しかも、他の誰でもない自分自身の身体ですね。

その身体とは、骨や筋肉でできていて、神経がつながることで動いています。みんなそれぞれ違った身体です。基本的な骨格構造（骨の数や関節の作り、各々の骨のつながり方）はほぼ同じで、筋肉の数は同じでも、発達具合は全く違いますよね？　しかも筋肉は全身で約600です。一見似た体格の人同士でも、かなり違うわけです。

さらに、その筋肉に指令を出したり、受け取ったりする神経に至っては、それこそ数えることに意味をなさないくらいに違います。そして、何かをするということは、とりもなおさず、この**神経が上手に働いてくれて、筋肉とやりとりしてもらう**ことに他なりません。

ですから、自分の思ったことを実現するというのは、自分自身の**神経を意識で完全に支配**する必要があることになります。

これ、現実的でしょうか？　仮に実現できたとして、それはどの程度素晴らしいことでしょうか？

昔のロボット開発は、おそらくこの神経完全支配タイプを目指していたように思います。けれど、それでは**外部環境に対応できません**から、緩やかなコントロール…どこか受け身で流されるようなところを許容しつつ、あるいは利用してのコントロールで、今は開発しているのではないでしょうか？

機械ですらそうですから、ましてや人間となりますと、**感情や心といった内面の状態が動きに大きな影響**をもたらしますから、思った通りにできるというのは、感情も心も思った通りに支配できるということにもなってきます。そして、すべては既知の範囲。可能でもない上に、面白くもありませんね。

つまるところ、思った通りに動けるというのは、昔のロボットになるようなものだと思うのです。といっても、思った通りにできないほうが良いというわけではなく、**「思った通り」というところを見直す必要がある**ということですね。

ところが、このことは、皆さんが思う以上に厄介なんです。なぜなら、**世にあるエクササイズ、トレーニングは正確性が重視**されるから。その先にある本番で、必要な**環境に応じた「思ってもみなかった」動きを生み出す力は養われるのか？**　といった問題になるのです。このことは、また改めてお話ししますね。

実は縛られている？

次は、別の角度から「思った通り」の問題を見てみましょう。

「思い通りにできていて気持ちいいよ」という場合、**その「思い」は本当にあなた自身が思ったのか？**なんです。実は、**あなたの身体がそのように思わせているのではないか？**　そう考えたことがあるでしょうか？

先ほどの、思いを実現するのは身体だというお話と通じているのですが、結局、**できる範囲のことしか思いには浮かばず**に、けれどそうとは気づかず、自分の思い通りにいっていると思ってしまう。

自分の身体が元々多彩な色を持っていたら、表に出てくるものも多彩になるでしょうけれど、そうでない場合、いつも同じ感じになってしまいますよね。悪く言えば、癖だったりするわけです。癖を表に出しているだけ。そんな可能性もあるのです。

例えば、「即興でいろいろな動きをしましょう」となった場合、元々脚が高く上がる人は脚を上げたくなるでしょうし、リズムを取りながら動くのが得意な人は、自然と踊りをするでしょう。

一方、脚も上がらず、リズムもない人は、もしかしたらひたすら変なポーズを探るかもしれません。ですから自然とその動き方は、先の脚を上げる人、踊る人にはない発想のものだったりしますね。

人はそもそもできることを思いつき、しかもそこに自分の優位性を感じるものを思いつきやすい、そのようになっているという面があるわけです。変なポーズを探る人も、その変さ、発想にどこかで優位性を感じている面があるでしょうし、また、それこそ動くことへの苦手意識が強い人は、こんなとき何をしたらいいのか人生の一大事！というくらいに困ってしまうわけです。

さらに、**「思う」というものは自由なようでいて、意外に縛られて**いるんです。また同じ例になりますが、「即興でいろいろな動きをしましょう」となると、意外に同じような動きしか出てこなかったりするんですよね。だんだん自分の創造性のなさにがっかりしてきたりするものです。

「思い」は飛躍しづらかったり、あるいは単純に極端なものへと振れ幅だけがやたら大きくなってしまったりと、白ならほぼ白、あるいは白か黒か真っ赤か、といったように、単純なも

不自由に気がついていない？

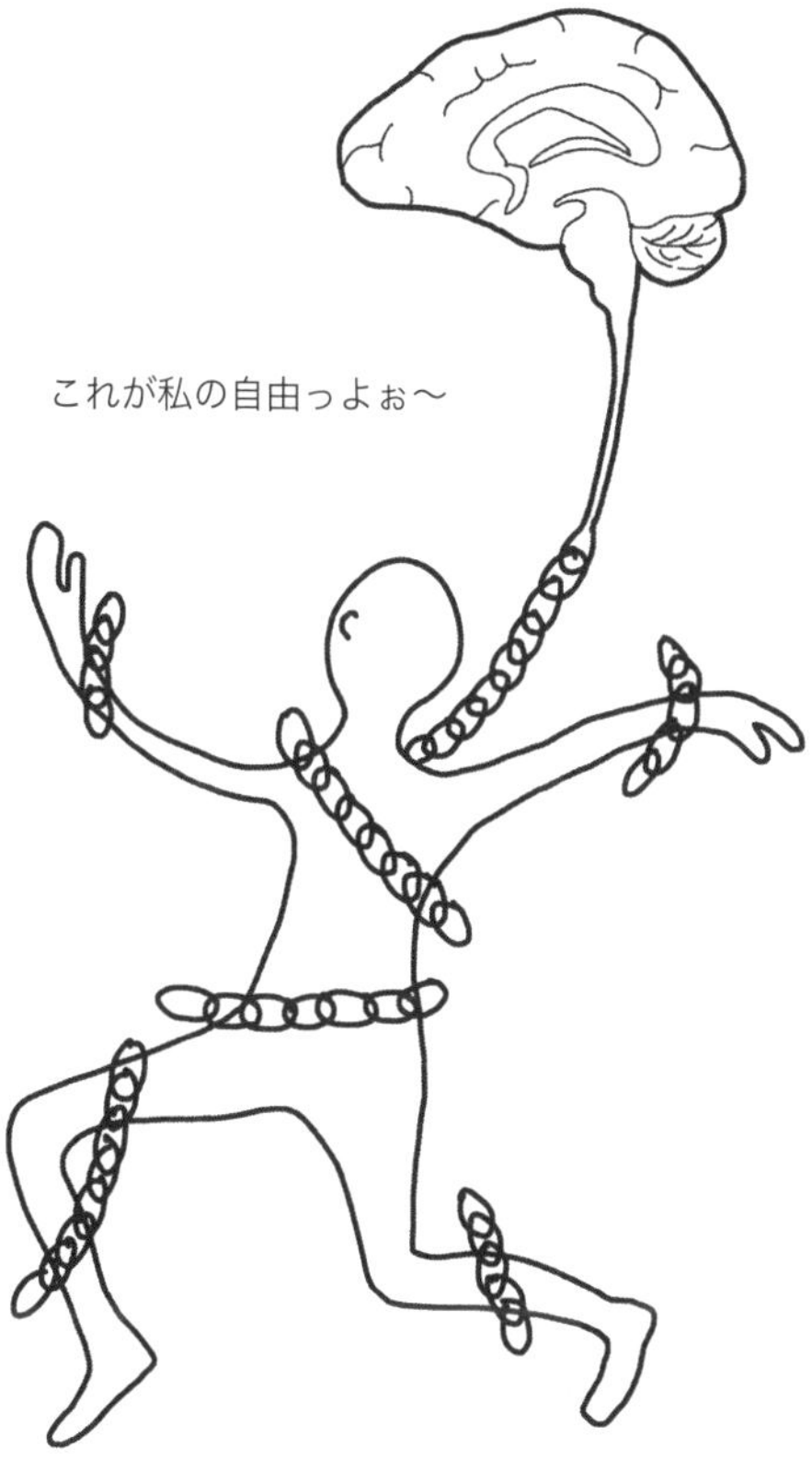

のになりやすいのです。

つまり、**自分が不自由であることに気がつけていないだけだったりする**んですね。

こんなお話、耳にしたことがあると思います。小説でも漫画でも、その作者が「登場人物が勝手に動くんです」みたいなもの。そうならないと、大抵は面白いものに仕上がらないんですね。つまり、**自分の思いの範囲で収まるものは、単純**なんです。ですから、創造性が必要なことをされている人は、そこから抜け出すための方法を持っているわけです。アイデアを１００個出すとか、一見関係がない分野のものに触れに行くとか、みんなそうですね。

自分が「思ってもみなかった」ことに出会う必要があるということ。自分が「思う」ことなんて、たかが知れているということ。

ところで、「思い通りに」が、自分の思いではなく、「自由」ということもあると思います。「自由に動ける、歌える」といったようにですね。

けれど、この**自由も曲者**です。自分の想定の範囲内の自由のはずですから、決して空を飛べないことをもって、自分は自由に動けないと思う人はいないように、どこか無意識に近いレベルのところで、自分の身体の能力の範囲を想定してしまっているでしょう。だから、当人が自由だと感じているものであっても、端から見ると、狭い範囲に留まっていることはあるわけです。

あるいは、本当に空を飛びたいといった、ないものねだり的な意味での「思い通りに」「自由に」かもしれません。けれど、それは願望ではなく、欲望、妄想。

「無知の知」ではないですが、自分の「思い通りに」「自由に」が、**実は何もわかっていない中での思いなのではないか？**と省みるのは大事かと思います。

そこで、自分の思いは一旦横に置いておいて、自分の身体自体の可能性を引き出すことに目を向けてみては？　ということなんですね。あなたが今、**自分の頭で想定する自分像では、本来の力を発揮し得ないかもしれない**ということなんです。

私は、**身体が本来持つ天才性を発揮させる**ことが、本当の「思い通り」「自由」になると思うのです。あなたの身体はあなたが思うより、ずっと大きな力を持っています。

身体ではなくエネルギーを動かす

そこで、まず動くということがどういうことか、見てみましょう。

動くといいますと、つい体を動かすことに目が向いてしまいますが、そこが一番初めのつまずきなんですね。逆にいえば、ここをきちんとクリアできると、先が楽になります。

前著『「動き」の天才になる！』でも取り上げましたが、全ては**エネルギーを動かすため**に**身体を動かす**のです。**身体を動かしたからといって、エネルギーが動くわけではない**のです。

ここは、とても重要なところ。例えば、簡単な例では、「脚を交互に振ることが歩くこと」…ではなく、「進行方向に自

カラダは動いているけれど、
エネルギーは動いていない？

分の重さを移動させるために、脚を交互に振ることが必要」ということですね。同じようでいて、全く違うことです。

例えば、ウォーキングと称した動きは、体を動かすことがメインになっていて、進むというエネルギーを動かすことが大事にされていません。体の中でエネルギーを回しているんですね。

これは、良し悪しというよりも、何が目的か？です。歩行という形をとって、自分自身に負荷をかけるトレーニングなのか？　歩き方を良くしたいのか？（楽にたくさん歩けるようになりたいのか？）ということです。歩き方を良くしたい場合は、進むというエネルギーに目を向ける必要があるということですね。

ちなみに、歩き方といった際、「キレイに」となりますと、それはまた別の問題が絡んできます。「何をキレイとするか？」から始める必要があります。ただ、一つ重要なことは、身体の構造が優先だということです。

そして、本書のテーマでもあるのですが、**身体の構造を優先させるということが、すなわち身体の自由度を高める**ことになり、さらに**身体の自由度が心の自由度に**もつながってくるので

カラダの構造を優先させる

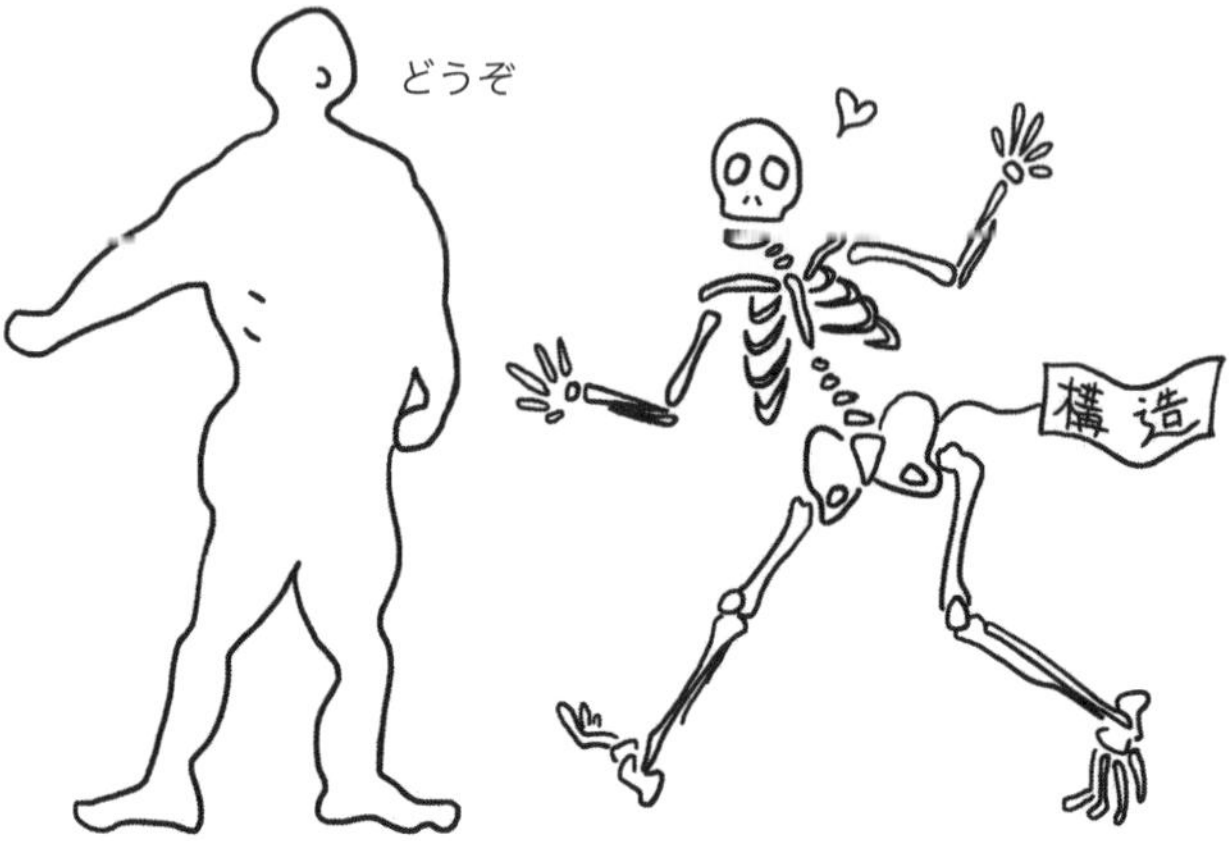

す。

逆に、**心の自由度が高まらないと、身体の自由度も高まってこない**ため、そこを突破するお手伝いになればと思っています。

第1章
正しい動きって良くない!?

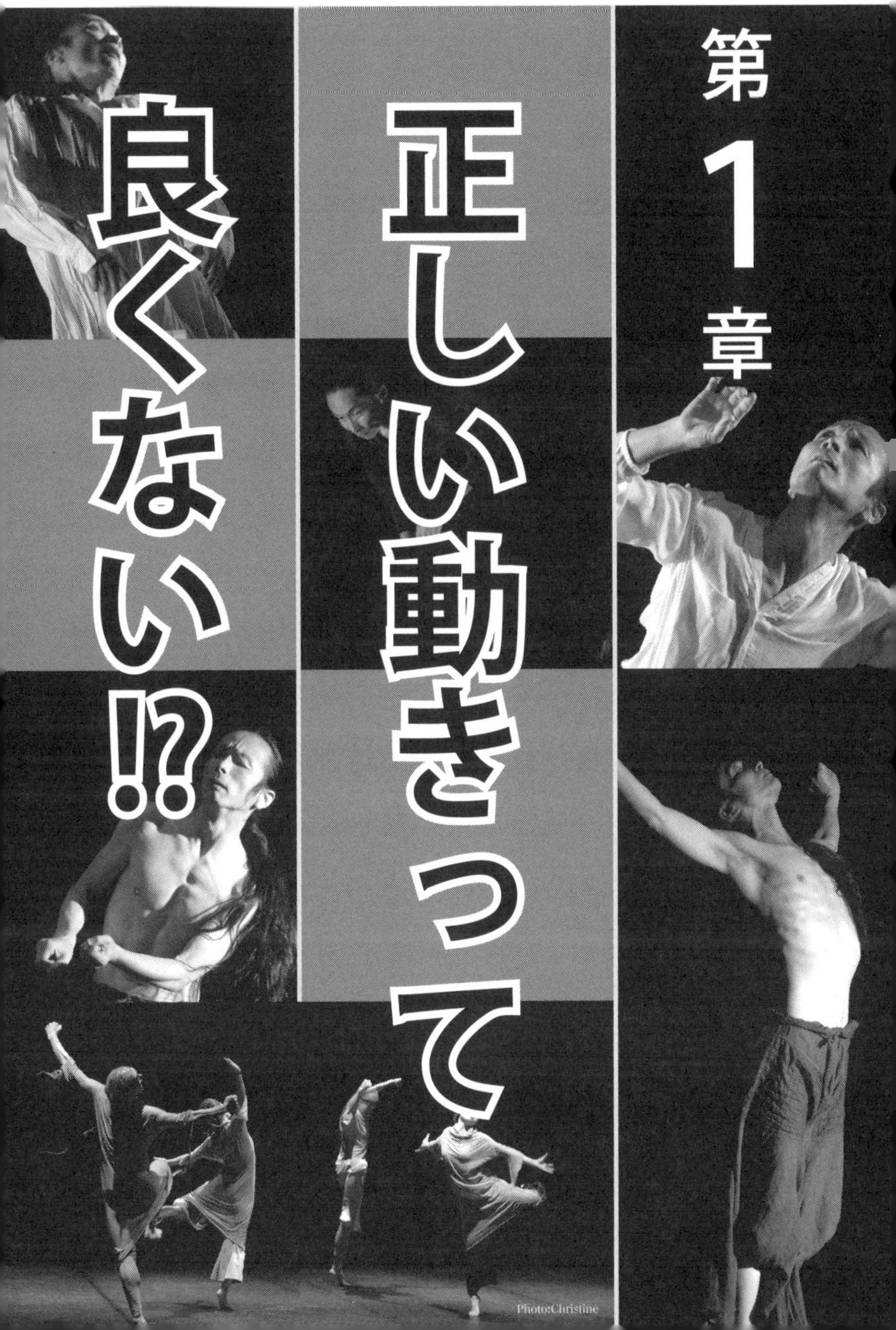

Photo:Christine

正しい動きって？

身体構造を優先させるといっても、正しい動きをトレーニングすれば良いといった単純なものではないんですね。私たちは機械ではありません。内面のよくわからないものにも影響を受けながら動かざるを得ませんから、どれだけ学習しても、**同じ動きは決して再現できない**んです。

そして、同じことが起きないということ、それは外部環境でも同じことでして、何かの試合でも日常生活でも、全く同じ状況は過去にもこれからにもないんですね。似てはいても少しずつ何かが違うわけです。

ですから、**常に自分の身体を無理なく環境に対応させられる力を身につけたい**のです。この力がないばかりに、ケガや故障、慢性痛といったものが生じるのですから。

では、どうしたらいいのか？ 一つ言えることは、正しい動きをトレーニングするというよりも、**どんなトレーニングでも、その中に快適さを生み出すようにする**ことです。手を抜くのではありませんよ。

正しい動きのトレーニングは良さそうに見えるだけに、ちょっとたちが悪いように思うんですね。そもそも正しいって何でしょう？

身体構造に則った、例えば、各関節の動きの正しさは確かにあります。が、全身の動作となったときの、様々な骨の位置関係となりますと、どこまでが正しくてどこからが間違いなのか？　言い切れるものではないように思います。**正しさとは、条件の設定次第で変わる**ものです。

「正しい動き」に囚われすぎている？

そして、何より問題なのは、**正しさを求めるあまり、融通の利かない身体**になってしまいかねないのです。例えば、正しい歩き方の指導を受けると、何だか安心してしまいますが、歩き方に正解が一つしかないと思いますか？

オリンピックに出るような選手はみん

な、正しい歩き方をしているのでしょうか？　しているとするならば、みんな同じ歩き方でしょうか？　そんなことはありませんよね。それとも、悪い歩き方の選手がかなりの数いるのでしょうか？　そうだとするならば、歩き方が悪くても超一流のスポーツ選手になれることになりますね。

もちろん、だからといって歩き方を省みなくて良いということではありません。実際、私はレッスンの場で、ある日は、こんな感じで歩きましょうと言い、またある日は、別の歩き方を提案するなどしています。どれも歩き方は異なるけれど、日常生活で普通に使える歩き方で、楽で快適で、勝手に前に進むようなものです。

ただし、歩き方とはいっても、姿勢・フォームをどうするということではなく、エネルギーの流し方を体感させたり、伝えたりすることで、自然と姿勢・フォームが生まれるような感じなんですね。

ですから、**その人なりの、その人の身体の構造が自然と優先される歩き方**になり、だからこそ、「こんなに軽く歩けるの!?」と自分自身の歩きにびっくりしたりするんですね。

ちなみにですが、『「動き」の天才になるＤＶＤ』の中で、ある変テコな動きをした後に普通に歩いてもらうシーン、エクササイズがあります。これなども、実際のレッスンの場では「どうして!?」と軽やかな歩きになるので、皆さん嬉しさと楽しさでついついこの変テコな動きをたくさんしたり、ずっと歩き続けてしまったりするんですね。

ただ、このエクササイズ、ＤＶＤをご覧になった方にはおわかりいただけると思うのですが、どうにも文章やイラストでは伝えづらいものなんです。一応、お伝えしておきますと、「腰を水平に回しながら足踏みをするような感じで、まっすぐ歩く」というものです。とにかく変テコな動きです（ＤＶＤの宣伝動画で少し見られます。http://webhiden.jp/gallery/category/healing/jidai_1.php）。

この変テコ歩きは、脳トレでもありますけど、筋肉を大雑把にしか使えない人には非常に難しいんです。インナーマッスルを鍛えているとか、柔軟性が高いとか、ではないんですね。脱力が鍵になります。

非常に不自然な動きですから、意識が追いつかない中で、自分の動きを認識し続ける必要があるんです。こうして、身体のパーツのバラバラ度合いを高め、また脳が動きに追いつかないような状態を経験することで、身体本来の機能が発揮されやすくなる、つまり身体の連動性、

正しい動作を知って正しく動けるなら、苦労しない

正しい動作とは…
…のとき、○○が内旋し、
同時に、○○が伸展し、
同時に、○○が外転し、
同時に、…
同時に、…
同時に、…
同時に、…
同時に、…
同時に、…
同時に、…
おぉ！
先生様 !!!!

一体化の質が上がると考えています。

といったようにですね、身体構造を優先させるといえど、学校の勉強のように、「これが正解です」といったものを学ぶのではなく、こんな方法もあるのです。

つまり、大事なことは**頭に学ばせることよりも、体に学んでもらえるかどうか?**なんですね。正しい動きのトレーニングは良さそうに見えるだけに、ちょっとたちが悪いように思うというのは、こういうことなんです。頭のほうで、やった気、できた気になってしまうんですね。知識や理解も大事

ではあるのですが、動けるようになりたいのです。

正しい動作を学んで、正しく動こうとして正しく動けるならば、誰も苦労はしません。

忘れてしまう正しさ

以前、こんなことがありました。

あるボディワークの教師になる勉強をしている方が、そのボディワークではあることを非常に大事にするのですが、その方は「つい忘れてしまう」らしいんですね。何かをしているときに、そこに注意を向けることを忘れ、知らず知らず何か余計なことをしてしまって不自然になると。

ところがこの方、そのボディワークのレッスンの場で、歌といいますか、節をつけて発声していたとき、先生から「あなたは、歌っているときは自然に、理想の状態になっている」「気がついていますか？」と言われたそうなんですね。

この方は元々、全く声を出せなかったんです（もちろん、歌をされる人でもありません）。

いい状態を学んでも、忘れてしまう？

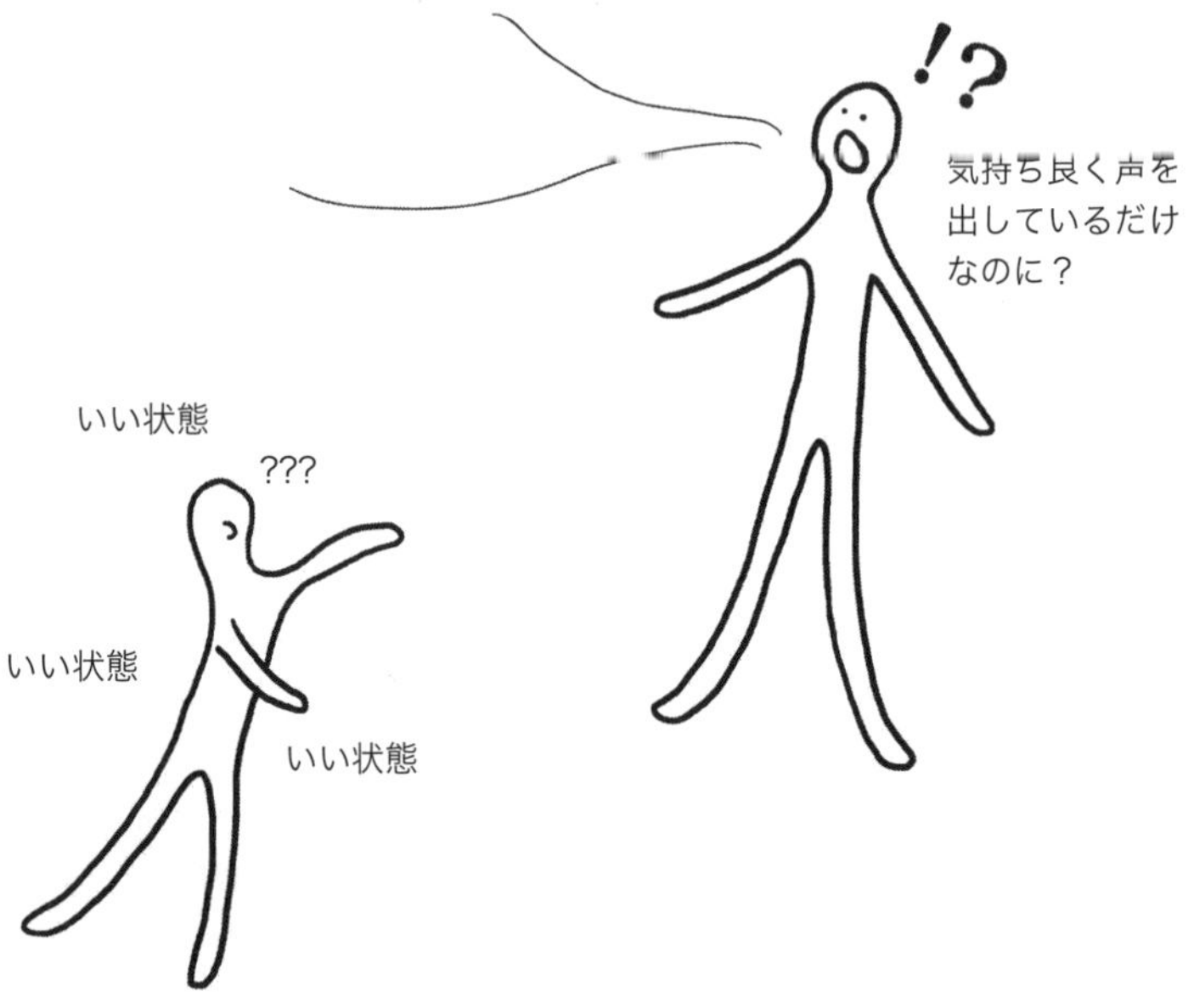
!?
気持ち良く声を
出しているだけ
なのに？
いい状態
???
いい状態
いい状態

それが、私の開催するワークショップ『声（音）を身体に響かせる』に何度か参加するうちに、気持ち良く声が出るようになり、自分流に好きに節をつけて声を出すようになったんですね（とても素敵です。その道の人かと思うほどです）。

この方は、歌っているとき、このボディワークを気にしていない。ただ、自分の声を出しているだけです。だから、身体に対する注意点をつい忘れてしまうこともなく（気にしようと思っていないので、忘れようもないわけです）、本人も気がつかないうちに、このボディワークでいうところの理想的な状態でいられるわけです。

つまり、**余計なことをしないようにと自然な状態を目指すと「つい忘れて」不自然になってしまう**けれど、ただ自分の声を出してるときは、余計なことをしないでいられるということなんです。

どうしてでしょう？　これは、**頭の中で言葉が渦巻いてしまうかどうか？**なんです。

言葉が外れたとき、余計なことをしないとか、理想的な自然な状態とか、そういったものを、直接目指さなくなります。言い方によっては、身体への意識が外れるということになります（認知は残っています。つまり、脳で身体をコントロールしようとする発信力が弱まり、脳は身体の状態に対する受信力のために働いています）。

やるべきことをやれば、結果として余計なことはしませんし、理想的な自然な状態になるのです。一見、似ていますが、かなり違うのです。もちろん、この方にとってはボディワークの学びは大切なもので、それがあるからこそともいえます。

学びつつ、そこからの解放を目指す。学びの言葉を外して、解放できたらいいですね、ということです。

原始歩きとエネルギー

ところで、そもそも思い通りに動けているうちは、正しい・良い身体の使い方なんて気にしないものです。気になりだした時点で、頭の中に言葉が渦巻き始めているわけで、だからこそ学ぼうとするのですよね。

ところがそこで、「正しさを求めるな」「言葉を外せ」と言われても、それは難しい。よくわかります。正しくていけないの？　言葉を外すって何？　とそんなことを意識しだすと、ますます体は動かなくなってしまいます。

けれど、だからこそ、正しい動きをトレーニングするという意識ではなく、**エネルギーを通せるようにすることに意識を向けて**いただきたいのです。結果的に正しい動きになるトレーニングをする必要があると思うからです。

身体構造を優先させるとは、快適さを大切にすることです。冒頭でお話ししましたが、それはエネルギーを通すということです。

ただし、例に挙げたボディワークを学ぶ方の声のように、この快適さというものが、真に自分の声であることのように、**身体の本来の使われ方によって生じる**ものであって、**表面的に楽しい・気持ちいいではない**のです。多くの人が、真の快適さを味わったことがないようにも思います。

このように、快適といっても、その内容には大きな違いがあるものですから、一筋縄ではいかないところがあります。

そこで、オススメなのが**「原始歩き」**です。普通の運動スタイルだと、簡単すぎても難しすぎても、エネルギーの通りの良し悪しを判断しづらいでしょうし、頭が働きやすくても、ここでいう身体から来る快適さと高揚感との違いも、わかりづらくしてしまいます。そういった点を「原始歩き」はカバーしてくれます。

原始歩きとは、簡単に言うと四足歩行、動物のように歩くことです。その四足歩行にバリエーションを持たせ、早足、ギャロップ（順・逆）、爬虫類歩き、爬虫類と哺乳類の合体歩きなど、いろいろと行うものです。

一番ノーマルな四足歩行、これは技術的な難しさは何もありませんから、**老若男女誰でも**それなりにはできますので、とにかく一度は試していただきたいと思います。できれば、広い場所であることに越したことはありません。ちなみに、私たちは芝（とは言えない雑草ですが）のある大きな公園で月に一度集まってやっています。


この原始歩きの際、膝は地面（床）から離しますから、完全に腕・脚で体を支えることになるのですが、ここで支えてしまわないことが、一つ大きなポイントになります。**筋トレにしてしまわない**ことが重要なんですね。

ではどうするかというと、できるだけ、地面（床）に接している**手足に体重が掛からないように**するんです。剣山の上にいるようなつもりで、少しでも剣山が刺さらないようにとする感じです。

こうして言葉だけ聞くと、そんなこと言っても体重は変わらないのだから、腕・脚に掛かる負荷も変わらないでしょ？と思われるでしょうが、実際にやるとわかります。

ただ、もしかしたら、スポーツで体を酷使するのが好きな頑張り型の人は、わからない場合があるかもしれませんね。逆に、運動嫌いな人のほうが、かえってよくわかるかもしれません。

いずれにしても、言葉で聞いただけで判断せず、やってみてくださいね。

といったように、腕・脚で体を支えるのではなく、**身体が浮いていて腕・脚がぶら下がっている(ような)**状態になったところで、スルスルスルッと進んでみてください。ノシノシと腕・脚で体を運ぶのではなく、ただ前に進もうとするだけです。

これは、意外にもゆっくりなほうが大変で、それなりの速さでいったほうが楽なんです。ですから、やはり広い場所がいいのです。

原始歩きをすると、**その人の普段の身体の使い方が如実に現れます。**腕・脚で支えないようにとお話ししましたが、大抵の子どもは支えないはずです。ですから、簡単にササーッと四足歩行してしまいます。同じように、意外にも筋力のなさそうな女性も、身軽にできてしまったりします。

一方、スポーツをやってきている筋肉しっかりの男性が、ついつい腕・脚で支えてしまい、ものすごくキツい筋トレになってしまったりするんです。

四足歩行には、普段の歩きの癖が出る

筋力のない子どもや女性は、当然のことながら筋力に頼った動きをしないんですね。けれど、筋力がある人は使いすぎてしまうわけです。四つ足で前に進むのに、筋力のない人は、自然と重心を前方に移動させるように動くようになり、一方、筋力頼りの人は、腕・脚で体を運ぶかたちになってしまうんですね。

それは、四つ足でなく普通に立って二本足で歩いているときも、結局同じ、変わらないんです。スポーツで鍛えてきていて、重心移動の大切さをわかっていたとしても、それは

頭の中で留まっていて、身体のほうはわかっていないんです。ですから、四足歩行の際、身体を軽くすることなく、また重心を移動させるのではなく、腕・脚で重い体を運んでいくことを、**無意識にやってしまう**のです。

二足歩行のときは、できている気になっていただけ、そんなことがあらわになるわけです。

張力を生み出す遠吠え

エネルギーを動かすために、身体を動かすことが重要とお話ししましたが、腕・脚で重い体を運ぶというのは、まさにその逆、**エネルギーが動かないで身体だけを動かしている**状態です。

先ほどのウォーキングと同じですね。筋肉をつけるにはいいかもしれませんが、身体にとっては動作に必要のない、余計な負荷を掛けるだけの行為ですから、動きの質は上がりません。これが、前著でお話しした「**別次元に行くことが適わない、現状での体力増強**」ということになります。

多くの人がここに陥っている上に、陥っていることに気がつけていなかったり、気づけてもどうしたら良いか、手掛かりがない状態だと思います。**以前の私自身がそうだったん**ですね。

幸いにも私はそこから抜け出せたので、その方法をお伝えし、壁にぶつかっている人、もっと伸びたいと思っている人のお役に立てればと思うのです。

さて、原始歩きですが、さらに**「遠吠え」をプラス**しますと、よりエネルギーを通すということがわかるようになります。大声ではなく、遠吠えです。張り上げるタイプの大声ではエネルギーは通りません。むしろエネルギーが内に閉じてしまい、体にダメージをもたらし、喉を痛めてしまいます。

遠吠えにつきましては、DVD『張力の作り方』の宣伝動画（http://webhicen.jp/dvd/category/training/post_142.php）で、見られますので、一度ご確認ください。身体全体に響かせる発声です。この遠吠えをしながら、四足歩行をするんです。可能な方は、ギャロップなど四つ足で走りながら遠吠えをしてくださいね。

遠吠えなんていうと、何だか奇抜すぎて恥ずかしいと感じられるかもしれません。確かに、一般的には恥ずかしいですよね（笑）。しかも四足歩行しながらって、羞恥心をかなぐり捨てないと、とてもできそうにない感じですよね。私も一人ではできません（笑）。そんな勇気はありません（笑）。

ですけれど、原始歩きを初めて体験される人の多くが、**「遠吠えしながらのほうが、体が楽！」と言います。**面白いですよね。簡単にいえば、エネルギーがより通るようになったからなんです。

しかし、筋トレになってしまうタイプの人は、やはりと言いますか、遠吠えしながらでは、さらにキツさが増すのです。そもそも、このタイプの人は遠吠えができないのですが…。というのは、**筋力頼りタイプの場合、外側から自分自身を押さえ込んでいます**から、声を出すときに必要な内側の張り（内側から外に向かって膨らもうとする力）が作れないのです。あるいは、外側から押さえ込む力が弱まってしまうために、四つ足の姿勢で体を支えたり、ましてや歩いたり走ったりの力が不足し、さらに頑張る必要が出てくる。そのように思います。

では、なぜ、他の人は楽になるのか？　それは、結局は同じ原理になるのですが、元々、手足に体重が掛からないようにするときの力というものが、私の言う「張力」（膨らむような力）の働きなんですね。その張力が、声を出すときに必要な内側の張りによって、さらに強まるからなんです。

張力を風船に喩えると

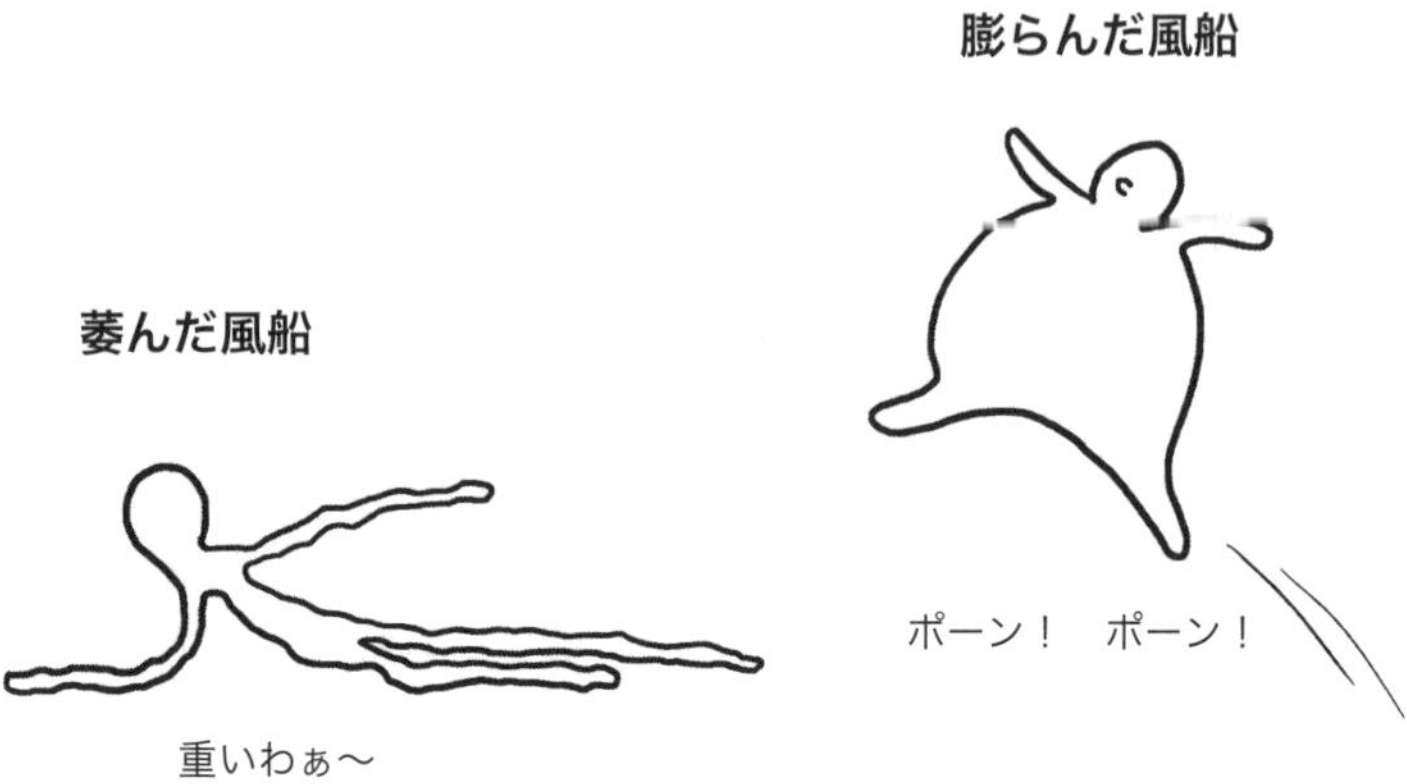

張力とは？

張力について、ちょっとわかりやすい例を。

ゴム風船を萎んだ状態でテーブルに置くと、その重さが全部丸ごとテーブルにかかりますよね？　では、膨らんだ風船ではどうでしょう？　軽くなる感じがしませんか？（実際には膨らんだ風船のほうが重いのですが）

実際の重さというよりも、その風船を動かすのに必要な労力が、萎んだ風船ではその重さを全部扱う（持ち上げる）必要がありますけれど、膨らんでいる風船の場合、チョンと触れるだけで動きますよね。

張力が働いているかいないかで、**動く際の労力が全く違う**ということなんです。

例えば、ジャンプでも懸垂でも、張力が働いているかどうかで、全く変わってきます。単に筋力だけの問題ではないのです。

筋力は私の言葉で言いますと、**縮める力**です。体の中の「**すきま」を潰して**しまう行為です。張力は、**膨らむ力。「すきま」を広げる**力ということになります。

遠吠えしながらの原始歩きは、こうしたことを非常にわかりやすく体感できます。ですから、身体の構造に則ることの快適さというものが、単に楽しいとか気持ち良いというものではないことが、おわかりいただけると思います。

同時に、エネルギーを通すということがイメージの問題ではなく、きちんと**動作の質に表れる**ということも、おわかりいただけるのではないかと思います。

奥深い四足歩行

ところで、遠吠えしながらの原始歩き、ちょっと場所を選びますが、可能ならぜひ自然溢れた野外で行ってみてください。身体の使い方だけでなく、素晴らしい開放感です。こういった開放感は心を開かせ、また戻って身体の使い方を良くしてくれます。

身体に向き合うとは、実は心に向き合うことなんですね。

正しい動きのトレーニングに難色を示したのは、こういうところにもあるんです。変に正しさを求めて、視野が狭くなる。心が固くなる。そして本当の正しさであるはずの自然の原理から外れた、**頭の中で作り上げたような人工的な正しいっぽいものに縛られ、硬い動き**になっていく。そうなってしまっては、元も子もありませんよね？

さて、原始歩きがそれなりの速さで軽やかにできてきた次の段階として、早足があります。ギャロップのように跳ねるような感じではなく、とにかく腕・脚を細かく速く動かして、より速く歩く・走るということですね。

こうなると、**腕・脚の脱力具合が大きく影響**してきます。腕・脚で支えていないと感じていたものが、やはりまだ支えていたんだなとわかってきます。重心移動の速さに合わせて、そのスピードに追いつくように腕・脚を次から次へと繰り出す必要があるからです。頭で考えていては、とても追いつきません。**どこか自動操縦のように勝手に動いてくれるような**感じになってほしいのです。

二足歩行での走りと通じるものがあります。けれど、四足歩行のほうが、この脱力遣いがうまくいっているかどうかが、わかりやすいのです。

といったように、意外にも四足歩行は奥深いものがあります。遠吠えを交えますと、喉を痛めない発声もよりわかってきます。ぜひ、恥ずかしがらずに（とは言いましても、仲間と一緒がいいですよね）、取り入れていただけたらと思います。

小さく完成しないように

さて、原始歩きのお話が続きましたが、少々奇抜に見えるこのようなエクササイズ（エクササイズというのかどうか…？）は、解剖学的に正しい動作、エネルギーの通った動作を身体に感じ取らせるためでしたね。「原始歩きはちょっと…」という人は、何も無理にすることはありません。重要なことは、**身体を動かす神経回路を適切化**することですから。

では、何をもって適切化というのか？ですが、序章でお話ししたように、思ってもみなかった動きを、その場に応じた臨機応変な動きを、自動的に選択してくれることに結びついているかどうか？です。

よく「子どものときに、自然の中でいろいろな遊びをしていると良い」と言われますよね。子どもの頃にいろいろな動作を経験していくことで、身体を動かす神経回路の適切化が図られていると思うんですね。

特定の動作ばかりですと、それ自体はうまくなるかもしれませんが、その周辺のことは置き去りになっていますから、応用発展、臨機応変が難しくなるのだと思います。**小さく完成してしまう**ということかと思います。

スポーツの世界では、日本は子どものときから特定のスポーツの練習ばかりして、その他のスポーツをせず、しかも勝敗にこだわった育成がされています。それが欧米では逆に、子どもの頃はできるだけ多くのスポーツを経験させるようにし、もちろん勝敗にこだわらず、そして大人になってから専門種目を絞っていくと聞きます。

そのため、日本は若い世代では世界レベルで勝てるけれど、大人になると勝てなくなると。

同様のことが、エクササイズにも言えると思います。エクササイズが上手にできることと、

エクササイズの中で小さく完成していないか？

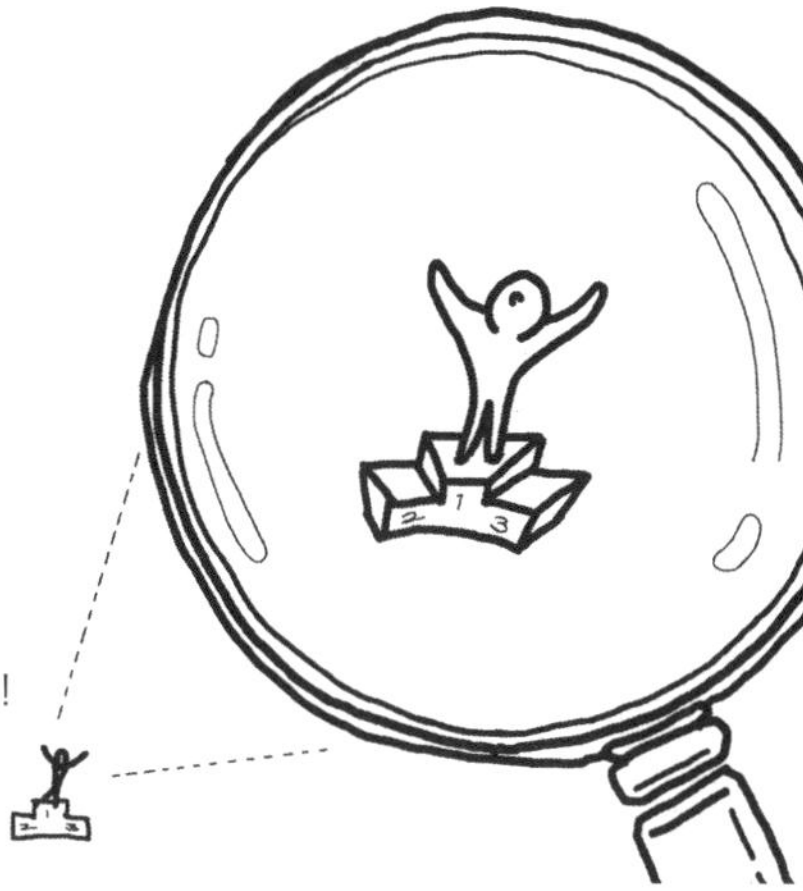

本来の目的である、何らかのスポーツや日常動作などのパフォーマンスアップと、どの程度関係あるのでしょうか？

多くの人には関係がないのではないかと思っています。ないと言うと誤解を招きますが、**エクササイズの中で小さく完成してしまうことになりかねない**、そこに目を向ける必要があるんです。

トレーニングには三つの原理があります。**「過負荷の原理」「可逆性の原理」「特異性の原理」**です。

「過負荷の原理」というのは、「少し大きめの負荷を与えないと鍛えられませんよ」というものですね。

「可逆性の原理」は、「やめると戻ってしまいますよ」です。

重要なのは**「特異性の原理」**です。これは、**「やったことが上手になりますよ」**、**つまり「やっていないことは上手になりませんよ」**というものです。当たり前のようですけれど、エクササイズが上手になることと、本来の目的がつながらないということです。

開脚が広がったり、前屈が深くなっても、それはそれだけのことなんです。速く走るのに、ストライドを伸ばそうと開脚を広げたからといって、ストライドが伸びるわけではないのです。バレエダンサーの走りが人並み外れてストライドが広いわけではないということです。

脳に楽をさせない

この手の問題は、常につきまといます。なぜなら、エクササイズを勧める側も教わる側も、その内容・目標がわかりやすいものを取り入れてしまうからです。「○○ができるようになりましょう」だからです。エクササイズが目的化してしまいやすいんですね。

これは、**脳が楽をしている**んです。食事でいうと、指導者側は納豆はいいですよと伝え、教わる側はそれを聞いて、納豆ばかりを食べて安心しているようなものですね。

本来大切なのは、エクササイズではありません。そのことで神経回路が適切化されることです。

子どものときの様々な運動経験は、それ自体を極端に上手にしようとするものではありません。もちろん、下手なままでいいというわけではなく、上手になりたいという意思を持ちつつ、**同じ環境下にはない様々な状況下で、その場その場での対応によって、くぐり抜けていく経験が重要**なわけです。

これは、脳がフル回転しているんです。納豆以外のものもいろいろ食べて、身体がその中から必要な栄養を取り込むような感じですね。


また、赤ちゃんが言葉を喋れるようになるのに、ほぼ闇雲な感じで大量の言葉を浴びせられていく中で、いつの間にか文法らしき法則まで身につけてしまいます（もちろん実際には闇雲ではなく、コミュニケーションの中での言葉のやり取りだからこそ、身についていくわけです）。

大人は文法やら単語を効率よく覚えていこうとする、つまりエクササイズ。子どもとは違いますよね。大人のような方法では、適切に言葉を喋れるようにはならないのではないでしょうか？
もちろん、そんなことをいってても、大人になってから、子どものように言葉を覚えるのは難しいことも事実です。エクササイズ的なものが必要。といってそのエクササイズも、大人になってからただ闇雲にいろいろ経験したのでは、効率も悪い。そして動作に関しては、すでについてしまった癖のまま、むしろそれを強化することにもなりかねません。

ですから、エクササイズはそれ自体が目的となってしまわないことを前提として、人間の身体の構造に沿った動作の中でも疎かになりがちなものや、スピードやパワーに対応できる動作を、様々なかたちで経験させるものであることが重要なのです。

また、あるエクササイズをできるできないといったかたちで捉え、評価しないように、そのエクササイズをどうやっているのか？　どんな質で行っているのか？　を重視したいのです。言い方を変えると、常にできていないという思いで臨む必要があるわけです。常に脳に楽をさせないことです。

一見、目的がないから意味がある

ただ、このようなエクササイズは一見、目的が見えなくなりがちです。一般的な人は、戸惑いを覚え、「何に良いのか?」と聞きたくなると思います。

けれど、その答えを聞いてしまいますと、意味が半減してしまいます。その人の中で、身体ではなく頭で理解してしまうがために、頭で終わってしまうからです。そのエクササイズが持っている潜在力を消し去ってしまうんですね。

エクササイズは忘れるためにやるのであって、覚えておくものではないのです。

子どもの頃の遊びの何が役立っているか? 今に直接結びつくものもあるとは思いますが、**自由でエネルギーの通った動きの経験**こそが、大人になってからのより複雑でより精度の高い多様な動きを、常に陰から支えています。

そういった支えのない動作のままに、表面的に良さそうなことをどれだけ取り入れても、その良さは身体を通り過ぎてしまうと思うのです。**「良さそうな栄養を取り入れることより先に、栄養を取り込める身体にする必要がある」**そんな感じですね。

ただ、これはいつも言っていることなのですが、**エクササイズ自体が趣味であれば、このようなことは全く気にする必要はありません。**

それ自体が好きでやっていることと、何かに活かそうとやることでは、意味が違います。健康的な食品をとること自体が好きなことと、健康でいるために健康的な食品をとることでは、似ているようで違うのと同じですね。

目的と手段を混同しなければいいわけです（とはいえ、この辺りも実は難しいところでして、目的にすることで初めて手段になり得ることがありますから…）。

さて、この章の最後に。

このようなことは、指導者がどういったスタンスでいるか？も大きいですし、教わる側の意識も大きいですから、自分に合っているかどうか？を自分自身で判断するほかありません。

真面目な人ほど、正しい動きにがんじがらめになりやすいですし、逆にその反動として、ただ自由に気持ちよく動くと、解き放たれた気分になってしまいやすい面もあります。そういったものが必要な時期もあると思いますが、私としては、何にも増して、エネルギーが通るということを実感できるように、と思います。

第2章
濃淡でイメージする身体

Photo:Christine

お尻の穴を開け⁉

原始歩きのお話の中に出てきた**「張力」**は、当初からお伝えしている身体の使い方を良くする、次元上昇のためのキーワードです。

この張力を、原始歩きよりも、もう少し一般的な形で体感していただいて、これまでの**筋力感覚からの変換**につながればと思います。

例えば、よく言われる「お尻（の穴）を締めなさい」ですが、これを言葉通りに受け取ってしまってはいけないんです。

なぜかと言いますと、これを実践しようとすると（ぜひ読みながらやってみていただきたいのですが）、一般的にはお尻（の穴）をギュッと縮める力だけを働かせてしまうことになります。目一杯の力で締めたほうがわかりやすいのですが、そうすると、おへその下が引っ込むはずです。お尻の筋肉も固くなる感じがあると思います。

これに対して、次のことを試してみてください。

お尻（の穴）を締めはするけれど、同時に開こうとする。**思い切りお尻（の穴）を開こうと**

するんです。

「え??」と思われますよね（笑）。無理もありません。トイレでもないのにお尻を開くって、どういうこと???ですよね。けれど、**あくまで締めたまま**です。本当に開くだけというのではありません。それは危険です（笑）。

閉めたまま開こうとする。これも、できるだけ目一杯やってみてくださいね。どうですか？

そうすると、おへその下がグッと張り出しませんか？　お尻の筋肉も触ってみてください。表面は柔らかいと思います。

お尻の穴を閉じてはいけない？

これが、張力が働いている状態です。筋力では縮み、張力では膨らむ、ということがわかりやすく体験できたのではないでしょうか?

さて、それでは、このそれぞれの状態で歩いてみてください。

まず、「締めるだけ」、筋力のほう、目一杯締めてです。どうですか? 歩きづらいと思います。一方、「開きもする」張力のほうは、歩きやすい…と言いますか、むしろ普段よりしっかりとした感じではないでしょうか?

また、呼吸にも目を向けてみてください。締めていると息が詰まりませんか? 胸の上のほうで呼吸する感じになりませんか? 一方、開こうとする張力を働かせた場合は、お腹のほうで呼吸する感じではありませんか?

普段の呼吸が浅く、お腹(横隔膜)が使えていないと、どちらの呼吸がしやすい・しづらいかは指標にはなりませんので、注意が必要です。しかし、胸の緊張度は前者が高く、後者が低いのはわかると思います。

ですから、呼吸の状態を気持ち・心の安定感という観点で見た場合、お尻を筋力で締めているときと、開こうと張力を働かせているときとでは、はっきりと違いがわかると思います。

バレエでお腹を膨らましてみたら?

ちょっとお話がそれますが、バレエをされている方は、お腹を引っ込めて引き上げることを強く指導されると思います。

ある人ももちろん、そういった指導を受けていて、一所懸命頑張っていたのですが、それでも姿勢をいつも注意されていました。そこである日、このお尻の穴を開くように下腹を膨らましてみたらしいんですね。**引っ込めずにあえて、こっそりと膨らましてみた**と。そうしたら、いつもの先生から「そうよ！」の言葉をもらえたというのです。

これがどなたにも当てはまるのかどうかは、何とも言えませんが、面白いですよね。指導の言葉とはまるっきり逆のこと、やってはいけないことをやったほうが、正解になったなんて。もちろん、この場合、本当に見た目に明らかにわかるような下腹の膨らみは起こっていないんですよ。膨らんでいては「そうよ！」の言葉はもらえません。ただ、**当人が意識的に行うことと実際に現れる身体の状態は、同じではない**ということがあるわけです。

指導者の言葉に素直に従うことが、必ずしも良いとは言えないのです。大事なことは、結果

お腹、引っ込めるわけではない？

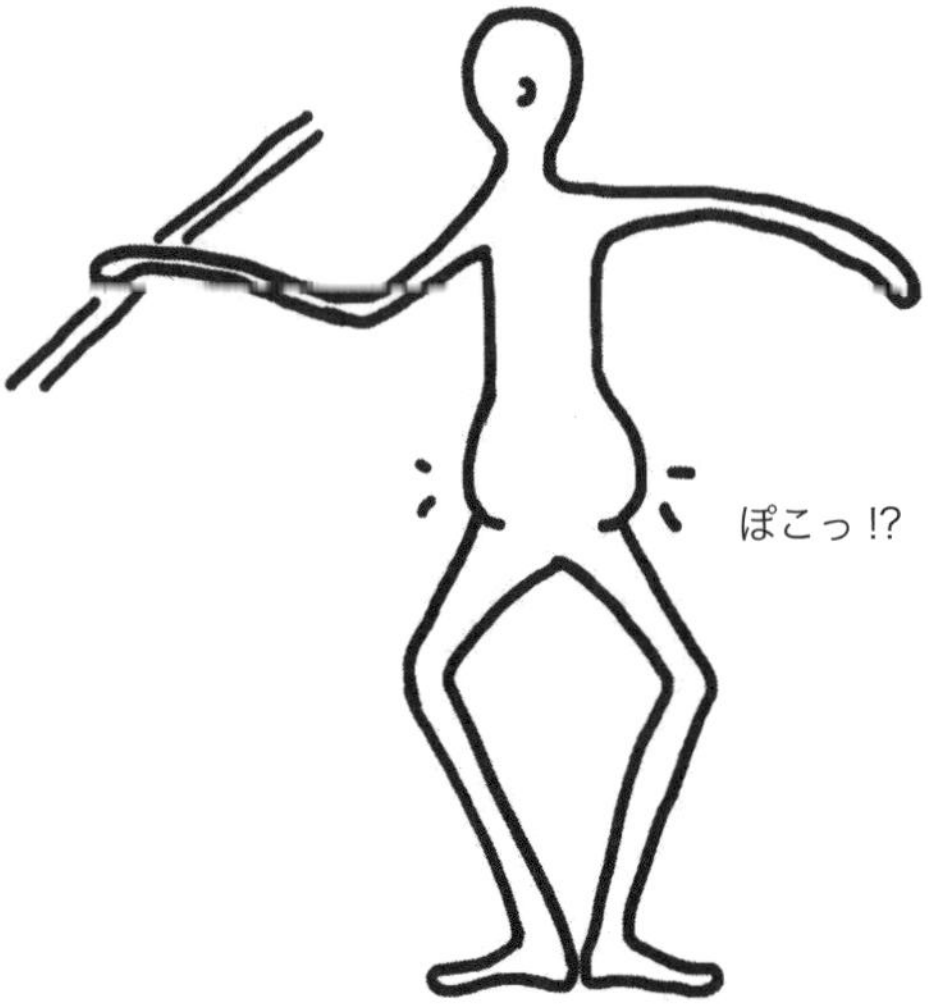

どうなるか？です。

そして、指導者側も本当にその指導の言葉通りの身体の使い方・意識をしているのか？ということがあるんですね。バレエの先生も無意識に下腹を膨らませているのかもしれないのです。本人には当たり前になりすぎていて、意識に上ってこない。

いいえ、むしろそういうことがほとんどであるがゆえに、センスの良い人の言葉、指導者の言葉が、普通の感覚の人（以前の私も含めて）には通じず、いつまでも壁を超えられないままになってしまうわけです。

お尻（の穴）を開こうとするお話をもう一つ。女性の方は、**尿漏れ予防に骨盤底筋群を鍛えるため**、お尻の穴などを締める練習をされたことがあるかもしれません。

これも、ただ縮める方向だけに筋肉を働かせてしまいますから、やはり、張力を働かせるべく、しっかり開こうとしてください。やってみて効果が期待できないなと思われたら、元のやり方に戻せばいいだけですから、力の張り方が良くなるまで、まずは2週間ほどトライしてみてくださいね。

身体の濃淡

さて、お尻に張力を働かせた場合、胸の緊張度は低くなり、筋力で締めた場合には胸の緊張度が高くなるのですが、このようなことを色の濃淡で表すと、筋力の場合はお尻も胸も色が濃い感じですね。一方、張力の場合は、お尻は内側の深いところは濃く、表面は薄い、そして胸も薄い。

このように**力の入れ加減（力みではなく）を、色の濃淡で捉える**ようにしますと、身体感覚・意識が変わってくると思います。

力の入れ具合を濃淡で見る

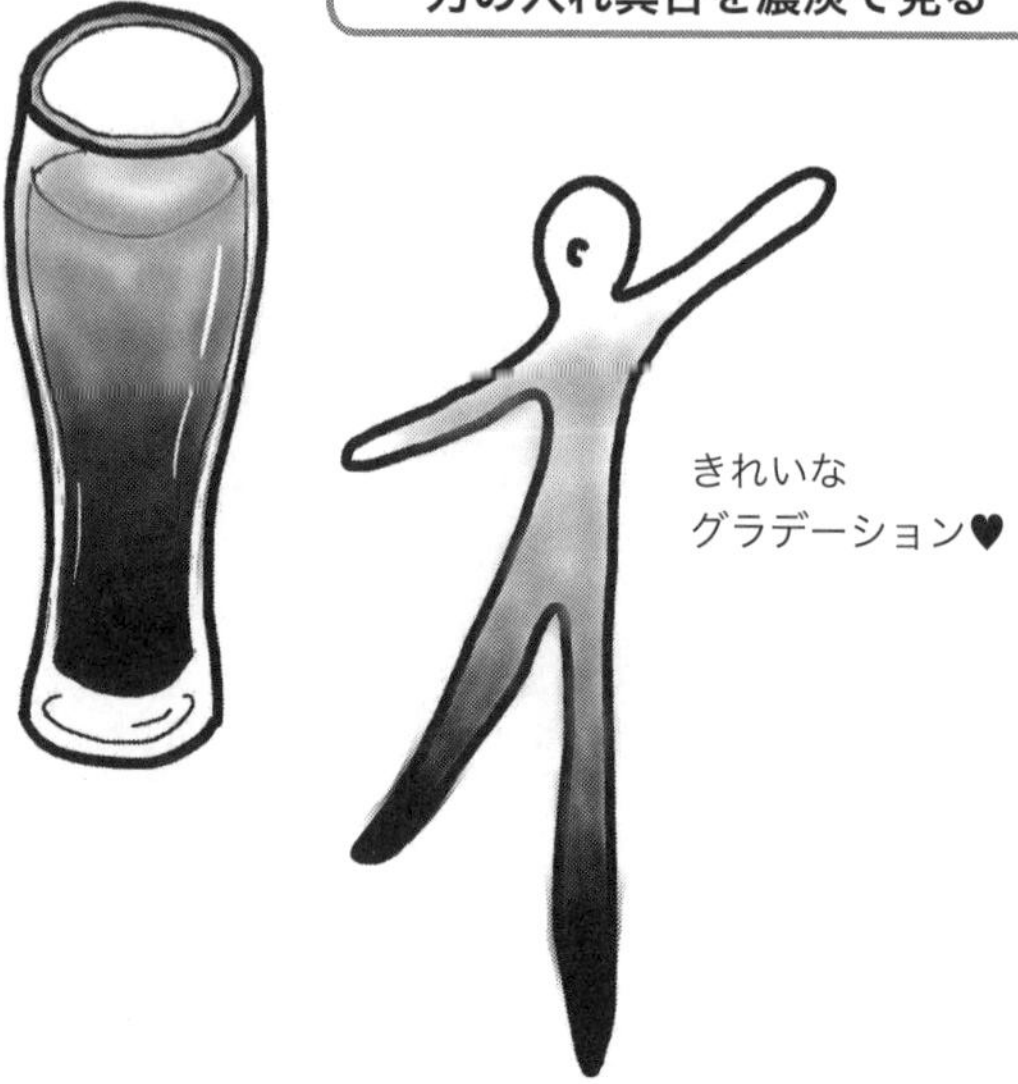

　原始歩きで手足に体重が掛からないようにすると、自然とお腹周りが締まります。張力が働いていて、風船のように体に浮力が生まれる感じですね。このことによって、腕・脚が楽になるわけですが、このとき、その腕・脚は色が薄く、お腹周りは濃くなったと見るわけです。

　筋力頼りの人というのは、この濃淡の差がないんです。全部濃い。**ほとんどの人が、大体全身同じ濃さになってしまう**ものなんです。全身が濃いか薄いか、全部に力が入ってしまうか、全部抜けてしまうか、といった感じですね。

　脱力が大事とはいっても、実は入るべ

きところに入っていないと、使える脱力にはならないわけです。つまり、力を抜くのが上手な人というのは、自然と濃淡の差をきちんと作れているということなんです。**身体には濃淡の差が重要**なのです。

この濃淡の差を、別の例で見てみましょう。発声を例にするのは、非常にわかりやすいと思います。

原始歩きのお話の際、「大声ではなく、遠吠えですよ」と言ったように、大声というのは全身が濃いままなんですね。力の入れ具合に濃淡の差がないんです。遠吠えは、喉周りの力が程よく抜けつつ、お腹周りはしっかりとする。濃淡の差がはっきりしているんです。

発声のレッスンでは（他のどんなものでもですが）、「力を抜いて」と言われますよね。けれど同時に、「お腹に力入れて」とも言われるかもしれません。つまり、その指導者自身も、力を入れているところと抜けているところがあるんですよね。指導者本人は濃淡の差がはっきりしているわけです。

ところが、この**力の入れ加減を調整するには、脳からの指令が的確でないと**いけません。「力を入れろ！」「いや、抜け！」といった、相反することを同時に発信し、しかもその指令をしかるべき場所（お腹や喉）が受信しなければなりません。大変そうではありませんか？　いや、本当に大変なんです（笑）。一色にする…つまり、全部濃いか薄いかとするほうが、遥かに楽なんです。

さらに問題がありまして、それは大抵の場合、力を入れるべきところは体の深いところで、抜くのは浅いところだったりするんですね。

例えば、先のお尻を締める・膨らますのお話のとき、ただ締めるだけの場合、お尻の表面（浅いところ）がギュッと固くなり、膨らますとそこは柔らかくなるとありましたよね？　これをもう少し詳しく見ると、締めるだけの表面が固くなっているとき、お尻の深いところは抜けていて、逆に、膨らまして表面が柔らかいとき、深いところが固く締まっているのです。

体に濃淡の差が必要というのも、**場所・部位のことと、表面か奥かといった深さのことと、二つ**あるんですね。だからこそ、安易に指導者の言葉を聞いてはいけないんです。そもそもの身体感覚が違うのですから。

頭のほうを薄く、お腹の下のほうを濃く

では、どうしたらいいのか？ですが、基本的には**力を入れなさいと言われたら、膨らます方向に力を入れて濃く**する。**抜きなさいと言われたら、すきまを細かく広げて薄く**する。

膨らますことも、広げることも、どちらも、内側から外へと向かう力ですから、力を入れる・抜くという反対方向のことを同時に考えるよりは、脳の指令としてはかなり楽なはずですよね。

試しにこの意識を使って、発声してみてください。声を出しながらのほうが変化がわかりやすいかもしれません。発声しつつ、お腹周りは色濃くする（膨らます方向に力を入れる）ように、喉周りは色薄くする（すきまを細かく広げる）ように指令を送って、声自体や身体感覚の変化を観察してみてください。

発声が難しい方は、ただ立つということで、試してみてください。この本を読みながらの座った姿勢でも構いません。お腹（おへその下）を引っ込めた状態で膨らます力をしっかりかけ色濃くしつつ、喉周り、あるいは頭・脳ミソの辺りを色薄くします。そこから、空気がふ〜っと四方八方へと柔らかく広がってくようにと。

いかがですか？　体が安定する・落ち着く感じがするのはもちろん、心も落ち着いたのでは

ないでしょうか？　そのまま周囲を見渡すとどうでしょう？　何だか明るい感じ、空間に立体感を覚えませんか？　瞑想をされたことのある方は、瞑想中のような感じを覚えるかもしれません。

このような濃淡の差がないままに、何か事に当たっても、頑張り感を覚えるだけで、効率が悪くなってしまうんですね。思い当たることありませんか？

例えば、冷静になろうと思っても難しいのは、冷静というものを心の状態だと思い、心（あるいは思考）で何とかしようとしてしまうからです。心とは身体です。同じ冷静さを作ろうとするにも、頭のほうを色薄く、お腹の下のほうを色濃く、とするほうが楽ではありませんか？しかも、その状態を長く維持しやすそうではありませんか？　さらに、外れたとき、またすぐに戻って来られますよね。

この基本的な濃淡、**「頭のほうを薄く、お腹の下のほうを濃く」**は、トレーニングなどの際こそ重要になります。トレーニングではつい頑張ってしまい、頭のほうまで濃くなりがちです。

私はレッスンの場で「体はキツくても気持ちはキツくならなくていいですよ～」、あるいは「優しい顔をして～」と言っているんですね。というのも、顔の表情を作る表情筋は感情とも深く結びついていますから、**苦しそうな表情をすると、より苦しさを味わうことに**なりますし、呼吸も詰まり、それだけ体にも余計な力が入ってしまいます。

この感情面と身体の関係性は、章を改めて詳しくお伝えしますね。

次の章では、濃淡の移動・変化についてお話ししたいと思います。意識の動きと身体の関係性の理解を助けてくれると思います。

第3章 質量・重力のコントロール

Photo:Christine

全力は全身を濃くすることではない

濃淡とは決して固定されたものではなく、変化する・変化させるものです。

ご自分の体が**立体的に複雑なグラデーションで成り立ち、しかもそれが変化**していく様をイメージしてみてください。何だかCGのようですよね。「もはや人間の形はあってないようなもの」という、ちょっと冗談ぽいことが、実はリアルなこととして、とても大事なんです。

私たちは**目に見える人間の形に囚われてしまっている**がために、エネルギーを使いこなせないでいる。そう思うのです。

と、何だか怪しい話になってきた感じがありますけれど、実は、世の天才・センスのある人は、こういったことをごく当たり前のこととして扱っている（無意識に行っている）と思うんですね。そのために、私たち普通の人とは言葉が通じなかったりするのです。

天才・センスのある人と生きている・見えている世界が違っているままに、その人たちの言葉を聞いても、結局のところ**自分たち普通の人の世界での解釈に引きずり下ろしてしまうわけですから、本来の意味はもうそこにはないい**んですね。ですから、これから私たちは、意識的にその部分を扱えるようにしましょう、ということなのです。

全身で頑張るのは全力ではない？

そこで、全力という状態を濃淡という言葉を使って見ていきます。真の全力とは？というお話です。

全力で走る・全力で大きな声を出す（歌う）・全力で演技する・全力で投げるなどどありますが、真面目で一所懸命な人ほど、ここで間違いを犯しやすい。

「全力」＝「無我夢中になってやる」「最大限の力を出し切る」と思いがちかと思います。これは全身を満遍なく濃くしてしまう感じですね。特に、「無我夢中になってやる」というのは、頭を限りなく濃くしている感じですから、最も避けたいのです。

真に最大限の力を出すには、実は脱力、薄い部分が必要なんです。そのためのコントロールが必要なのです。

無我夢中とは悪い意味で言いますと、エネルギーが自分のほうに向かってしまい、本来流れるべき外への方向ではなく、自分の中でグルグル回ってしまうのですね。

これとは逆に、結果的に引き起こされる良い意味での無我夢中では、エネルギーが相手など向こう側に純度高く流れ、その分だけ我（エゴ）が薄くなっていきます。頭の中の濃淡が薄くなるということです。自分の中でグルグル回ってしまう、頭が濃すぎるような無我夢中とは分けて考える必要があるのです。

天才・センスのある人の無我夢中と、**普通の人の無我夢中**は、このような違いがありますから、少なくとも自ら無我夢中になろうとすることは避けたいのです。

ここでもわかりやすく声、歌声を例に見てみましょう。例えば、歌手のＭＩＳＩＡ。絶叫するように高い声を張り上げたりもします。けれど、喉を痛めたりしないですよね？　普通の人が、あれだけ高い声を張り上げたら、一発で喉を痛めてしまいますよね。

ＭＩＳＩＡは、歌がうまいからできるんだって思いませんか？　その通りです！　歌声としての発声方法で大きなパワーを出しているんです。素人がむやみやたらに大きな（あるいは高い）声を張り上げるのとは、わけが違います。

何が違うかというと、声帯をコントロールする力、共鳴腔をコントロールする力、息を吐き出す力など、**様々な力のバランス関係を最善に保ち続けている**わけです。そのバランスを崩してまで、どこかの力を余計に使ってしまうと、歌声にはならない、喉が潰れるということがわかっているんですね。

つまり、**濃淡の差を繊細に、かつはっきり**とつけているのです。それも、歌っている最中、**微妙に変化させながら**です。

歌声に限らず、どんな動きでも、このような濃淡のコントロールを身につけることが非常に重要になります。この意味での全力で、走れるか？　パンチを打てるか？　あるいは、舞台表現などの場で表現できるか？です。

どんな動作でも表現でも、様々な要素から成り立っています。その全ての要素を全力で働かせるように全身濃いのではなく、かといって、脱力を重視しすぎるあまりに全身薄くしようというのでもないのです。これはやはり、脳が楽をしているんですね。重要なことは、**最善のバランス・濃淡関係を保ち続ける・適宜変化させる**ことができるかどうか？ということです。

全体を絵的に掴む

さて、全力にしても脱力にしても、**全身を同じような濃さ・トーンにしてしまうほうが、楽なんですね。**何度も言いますが、**脳にとって楽**なんです。

ですから、脱力が大事と言われても、全身を薄くしてしまう意識しか働かず、脱力したら力が出ない、あるいはへニャッとなってしまうイメージ・気持ちになるんですね。

力を入れるべきところ、抜くべきところをはっきりさせ、さらに微妙に、ときに大胆に変化させられるようにすることを、**力を入れる・抜くで考えるのではなく、**ひとまず**身体を濃淡でイメージする**ほうが、良い意味で脳が楽をできると思うのです。

力を入れる・抜くで考えると難しくなるのは、意識（思考）はどうしても部分にいってしまうからです。発声であれば、お腹の力を抜かないように意識するとき、喉の力がどうなっているかに意識が回らず、喉の脱力を意識すると、お腹の力も気づかぬうちに抜けてしまう…そんな感じですよね？

その点、身体を濃淡でイメージすると絵画的になり、思考ではなく感覚的に全体を捉えられます。全体の中での濃淡…つまり濃いと薄いですから、必ず力を入れているところと抜けているところと、その両方が意識に上ってくるはずなんです。**意識が部分的にならずに済む**んですね。全身をどうしたら良いのか、思考ではなく、全体像を絵的にイメージしやすいと思うのです。

身体に向ける意識は、一般的には思考になってしまいます。けれど、考えていては身体は良いようには動いてくれません。**思考は身体をこわばらせます。身体側からの声を受け取りながら動くには、脳の受信力**を使わなくてはなりません。その受信力を発動させるのに、このように濃淡といったイメージが有用だと思うのです。

ここで、普段の自分、あるいは今こうして本を読んでいる自分が、どんな濃淡になっているか？　絵に描くようにイメージしてみましょう。力んでいるか緩んでいるかだけで捉えるときと、似てはいるけれど、**固定されず、動きや流れが生まれそうな**感覚になるのではないでしょうか？

このように、部分に気を取られることなく、全身を一掴みにしやすくなる濃淡ですが、さらに精度を上げるために大事にしていただきたいことがあります。それは、**身体の「まとまり」**です。

身体が一つにつながっていないバラバラな状態で、それぞれの部位での濃淡をイメージするのではなく、あくまで、一つながりの中での濃淡である必要があります。その一つながりの状態を「まとまり」と呼ぶのだと思ってください。

身体を一つにまとめるとは？

身体の「まとまり」に関して、あるとき、クラスでこんなワークをやってもらいました（イラスト参照）。

この辺りのことは、紙面だけではピンと来づらいかもしれませんが、身体がまとまっているのか？　いないのか？　ということは、**単にイメージの問題ではなく、実際に相手に伝わる力**

人差し指の引き抜き実験

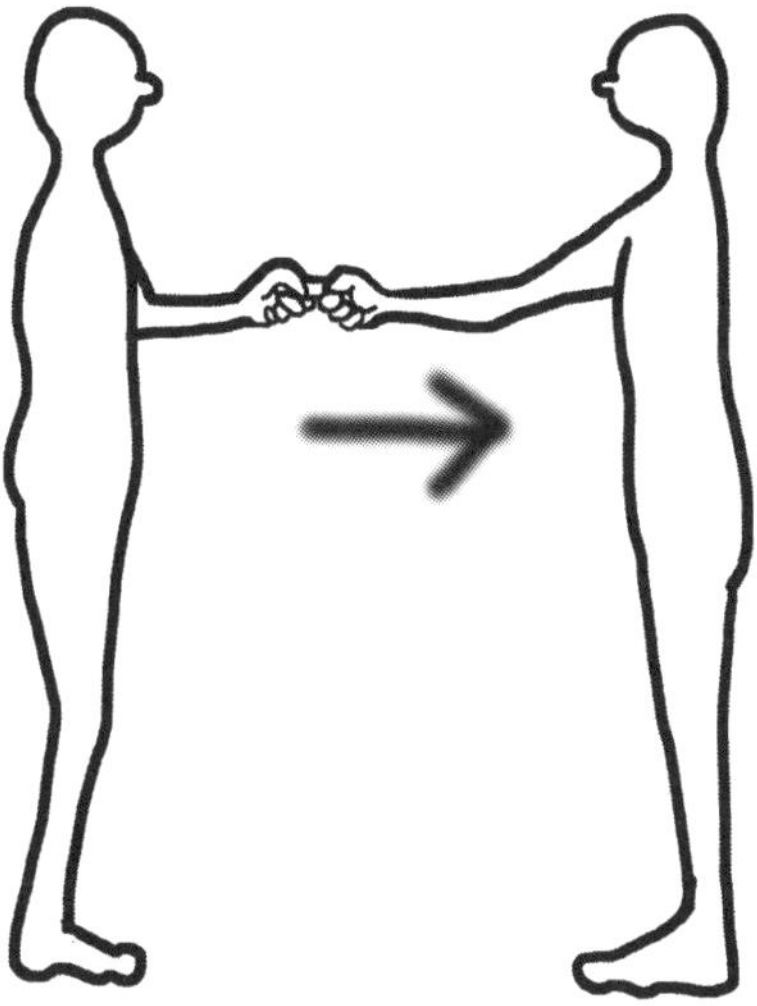

人差し指、だいぶ長い？（笑）
実際には、先っぽではなく、根元から握る。

二人向かい合って、握手ではなく、相手の人差し指をギュッと強く握る。

握られた人は、その手を（ゆっくり）引き込む。

普通に行うと、握っている側の人は、手の中で相手の指の動き（人差し指を引き込む動き）にズレを感じる。力の発生が２段階に分かれるといった感じ。引き込まれてしまうものの、抵抗できる感じとも言える。

一方、人差し指を引き込む人が「身体を一つにまとめ」ていると、ズレがなくなり、握っている側の人は何だか自然に体が持っていかれてしまう感じになる。

のあり方に現れるということです。

この人差し指の引き抜き実験での現象から言えることは、**自分の身体がまとまっていることで、相手の身体も自分の身体の延長・一部にすることができた**ということなんですね。

この実験が指し示すものは、対人でなく対物でも同じことで、いかに物に自分の力を伝えるか？は、いかにその**自分の外にある物を自分化させるか**、というお話にもなります。

いずれにしましても、目に見える（引き抜く）動作が始まる前の段階で、自分の身体がまとまっているかどうかで、すでに決まってしまっているのです。

このワークは難しそうですが、クラスに参加した皆さんは味わうことができました。だからといって、身体を一つにまとめることは、一時的にはできても、常に意識的に（あるいは、いつも自然に）行うのは、やはり簡単ではありません。

このワーク程度の何となくといった体感・体験ですと、**自分一人になったとき、どうしたらよいのか途方に暮れたりするもの**です。

そこで、この全身のまとまりをしっかりと、それも自分一人で作り出せる方法をお伝えしま

肘からパワー

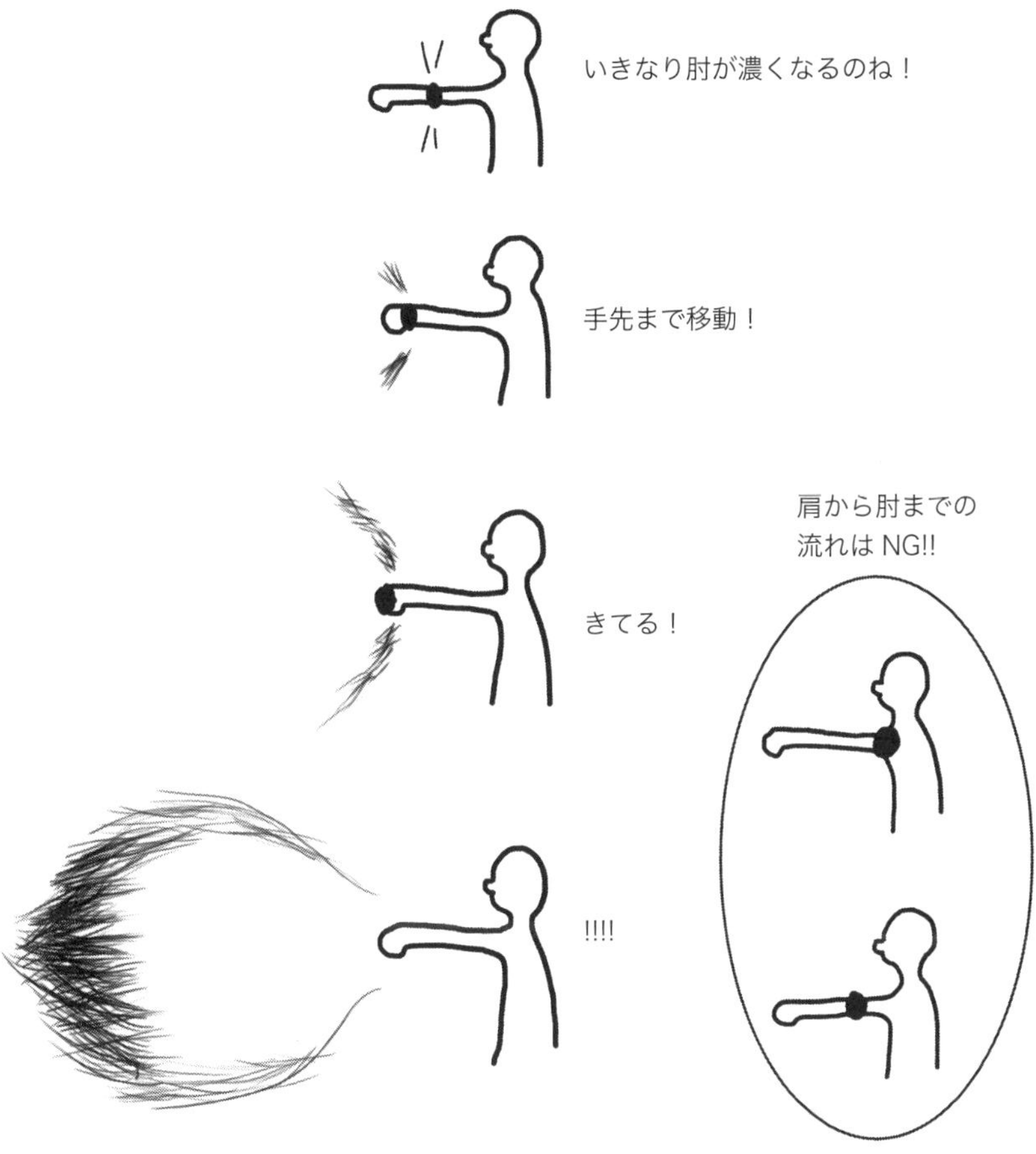
いきなり肘が濃くなるのね！
手先まで移動！
きてる！
!!!!
肩から肘までの
流れはNG!!

すね。それは、拙著『筋力を超えた「張力」で動く！』や、DVD『張力の作り方』で紹介した**「肘からパワー」「膝下からパワー」**を利用することです。

ここではごく簡単に、けれど本書ならではの新しいイメージをお伝えしたいと思います。濃淡の移動をイメージしてみていただきたいのです。

肘・膝下それぞれの周囲を取り巻くように濃くして（＝力を集め）、そこから濃さをその先（手先・足先）へと移動させていく。流していく。同時に、肘・膝下から根元（肩・足の付け根）のほうへと限りなく薄く（＝脱力、あるいはその部位がないものとする）していく。

肘・膝下を境に、相反する方向に濃さと薄さを移動・流していくのです。

この意識の仕方がうまくいかない場合は、肩周り股関節周りが濃くなってしまう、つまり力みグセが相当に強く、その濃さ・力みに気がつくことさえも難しいのだろうと思います。あるいは、自分自身（手応え）にしがみついていたい気持ちが、強すぎるのだと思います。

「肘からパワー」「膝下からパワー」を意識することで、**ちょっと心もとないような自分がぼやけつつも下腹辺りが充実**してくる感じがあれば、良い感じになっている証拠です。

カラダがまとまると、空間意識が生まれる

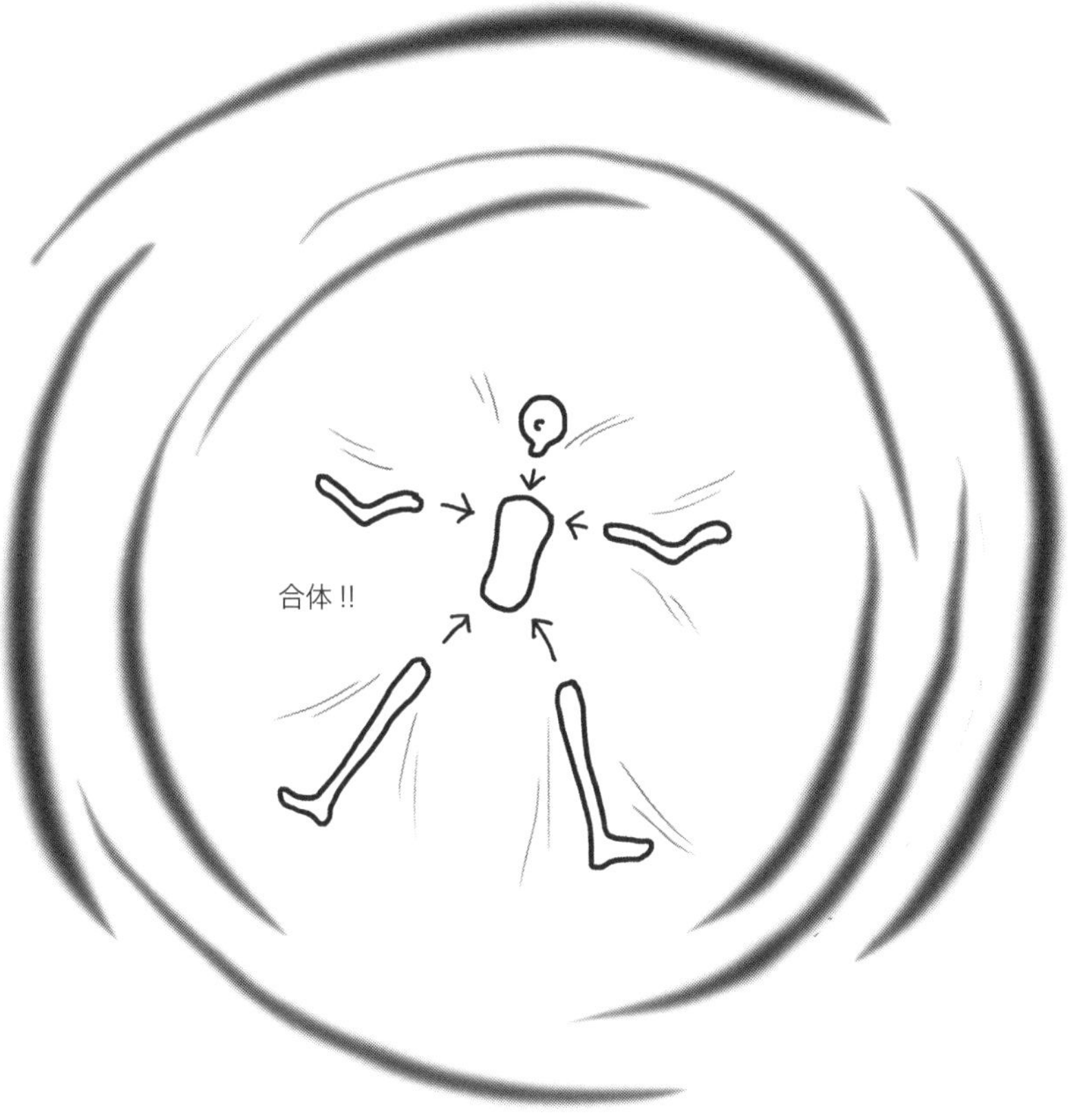

身体のまとまりの感覚を得られると、身体の捉え方に立体感といいますか、**全身を包む空間を感じる、あるいはイメージできるようになる**と思います。

それが、先ほどの「ちょっと心もとないような自分がぼやけ」る要因であり、その空間の中心が下腹になり得るということです。そして、さらに次の段階として、その空間感覚を活かしたいのです。

ですが、そのお話にいく前に、動くということを考えておきたいと思います。

力を加えるのではなく、重さを伝える

動くということを考えるとき、**重力とどう付き合うか？**はとても重要な問題です。重力があるから、重さがあるわけです。**力ではなく、その重さをいかに効率よく自分の側から、相手なり物なりに伝えていけるか？**が、大抵は大きな課題になると思います。

これは、武術・格闘技・スポーツ系の世界はもちろん、楽器演奏でもそうでしょうし、私の専門分野である身体表現でも、やはり重要になります（表現の世界で重要といいますのは、身体の使い方という物理的な面もありますが、内面の表現を届けることにも通じます。内

面のエネルギーは、ある意味、重さなのです。このことは章を改めてお伝えします）。

この「重さを伝える」べきところが「力を加える」となってしまうことで起こる過ちが、「力み」です。力みというのは、相手や物には伝わらず、自分の側に重さが返ってきてしまう状態です（実際には「重さ」を生み出せていないのですが、ニュアンスは伝わると思います）。

わざわざ力もうとしてするわけではないけれど、**筋肉をギュッと締めることで重みが増えたように感じてしまう**のだと思われます。中身がスカスカなものは軽く、身の詰まったものは重いですものね。

ちなみにですが、力むのとは違う方法で、身が詰まったようにしたり、スカスカにしたりすることで、**身体の中の重みを変化させることが、内面の表現でも重要**になります。

この重みが伝わっていく様子を、まずは濃淡の変化に置き換えると、わかりやすくなると思います。

例えば、腕全体が同じ濃さだとして、そこから自分の手先に濃さが集まってくる。その分だけ肩胸周りは薄くなる。といった具合です。先ほどの「肘からパワー」「膝下からパワー」ですね。

そしてさらに、その**手先に集まった濃さが手先から外へと流れる。流し続ける。それはイコール、相手や物へと重みが伝わっていくということ。**

包丁で何かを切るでも、マッサージでも、何でもいいのですが、具体的なシーンと結び付けてイメージするとどうでしょう？　何だか、それだけで良い感じに切れたり、マッサージできたりしそうな気がしませんか？　力を加えるという意識では、こうはなりませんよね。

もし、イメージが湧かないようでしたら、第5章のイメージに関するお話を読まれた後、もう一度ここに戻ってきてみてください。変化があるかもしれません。

目に見える動作が始まる前の動き

このように「動く」とは、単に自分の身体を動かすことではなく、ましてや力を加えるということでもなく、「重さを伝える」という考え方を持つことで、随分と質は上がってきます。

そこでさらに、「目に見える動作が始まる前の動き」に目を向けてみましょう。

目に見える動作というのは、身体ポジションが変化するということです。例えば、腕や脚が空間上のA地点からB地点に移動するといったことになります。私はこれをムーブメントと呼んでいます。

一般的に運動、エクササイズは、この空間上の移動（身体ポジションの変化）である、ムーブメントに焦点を当てています。

ところが、ムーブメントという目に見える動作が起きる前、身体ポジションが変化する前の時点での動き（身体の中での重さの移動の仕方、濃淡の作り方）で、その動きの質の良し悪しは決まってしまいます。

ここにしっかり意識を向けて日々の稽古をすることで、動きの質が大きく変わります。そうしないことには、表面的な動作・ムーブメントの種類が増える（複雑になる）ばかりで、エネルギーを通すことからますます外れていってしまいます。

ここで重要になるのが、身体がまとまることへのプラスアルファの要素、「方向性」です。

方向性のあるまとまり方です。

方向性とは…エネルギーが前に向いているのか？　後ろに向いているのか？　自分自身に向いているのか？　相手に向いているのか？　手先に行っているのか？　足に向かっているのか？　目に向かっているのか？　といったものです。身体の中での重さの移動方向といえ、濃淡の変化の具合ともいえます。

例えば、スポーツの一場面などをストップモーションで見た場合、見た目の動きは止まっていますが、動きを感じますよね？　といったようなことが、動き出し、まだ動く前、直前であっても、同じように感じられるはずなんです。**「気配」**といった言い方もできると思います。

日常的には、目の前で話している相手が、こちらの自分に向かって話しているのか、それとも、こちらに向かわずその人自身に向けて話しているのか、といったことは、誰でも感じ取っていると思います。それと同じことです。

ちなみに、私の行っているアートマイムという身体演技では、次の動きの方向にまとまり方を変化させることが非常に重要になります。なぜなら、それが、**呼吸の変化、気配の変化として観ている人に届く**からです。

この変化がないままに動くと、観ている人には唐突に動き始めたと感じられます。それはつまり、内面の変化によって動きが生じたとは感じられない、ただ段取りとしての演技、振り付け的な嘘っぽい表現と取られてしまうのです。

ですが、表現の世界でも、やはりこういったものは技術として捉えることがありません。オ能・センスのひと言で片付けられてしまいます。どの世界も似たような感じですね。

といったように、どうしても**このような土台部分が技術として取り上げられないために、**いわゆる見てわかるムーブメントとしての技術、ハウツー的なものを学ぶ・学ばせることになり、結局「何かが違う」となってしまうわけです。

方向性を伴ってまとまる

お話を戻しましょう。

例えば、何かを押す。そのとき、押すものに対しての方向性を持ったまとまり方に変化するわけですが、まず方向性を持たせずに（全方向ともいえます）まとまることで（肘からパワーや膝下からパワーを利用するなどして）、手が触れている対象物（人）と足が触れている地面／床面が、自分の身体を通してつながり、壁・床・自分の全てが一つになった感じがするはずです。

人によっては、自分がなくなったように感じることもありますし、逆に自分の存在を強く感じることもあります。

自分がなくなる？
自分の存在を強く感じる？

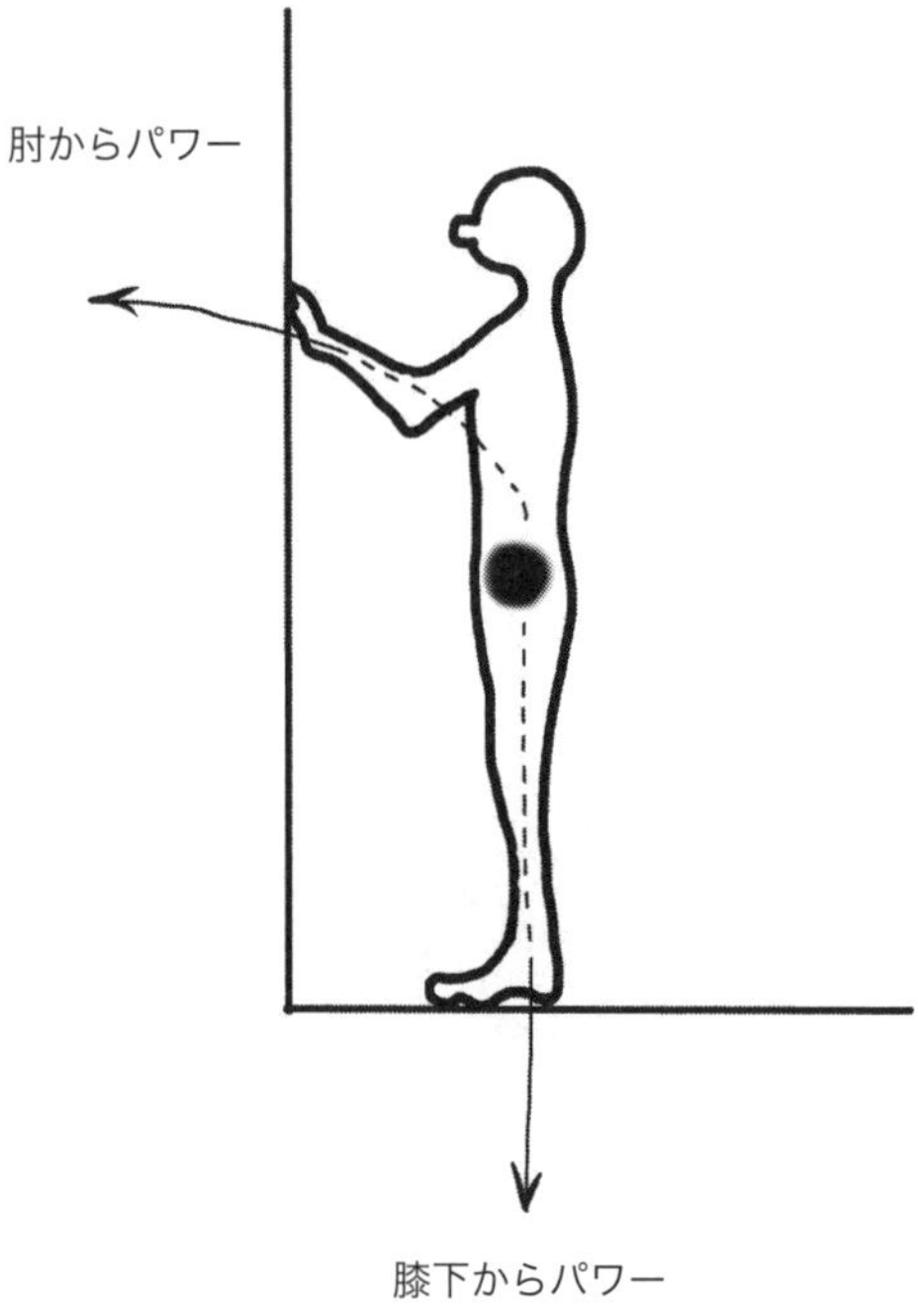

自分の存在を強く感じるというのは、力みによって感じる自分ではなく、怪しい言い方になりますが、宇宙と一体化したような感覚になるからです。「〝私〟がいるー！」という感じがするんですね。

もう一方の、自分がなくなる感覚も、実は同じことです。宇宙と一体化したような、つまり宇宙と溶け合う、宇宙の一部になる感じがするんです。意識の焦点の当て方が違うだけです。先の「肘からパワー」「膝下からパワー」を意識することで、ちょっと心もとないような自分がぼやけつつも下腹辺りが充実してくる感じとなり、全身を包む空間を感じるというのが、まさにこのことなんです。全身を包む空間が宇宙です。自分がぼやけるのか？　充実した下腹によって「〝私〟がいるー！」となるのか？　です。

このような「まとまり」になったのち、壁を押すという「方向性」を加える、つまり重さを壁の中、壁の向こう側へと移動させることで、壁に手が沈み込んでいくような感覚が生まれます（このように壁を押す場合は、足元の床を支えにして手のほうへと重さを移動させるので、壁に手が沈み込んでいくような感覚が生まれます。もし、壁を支えにして足のほうへと重さを移動させると、床に足が沈み込んでいくような感覚になり、床を足で後ろへと動かす力の発揮の仕方になります）。

実は、この沈み込んでいく感覚の生み出し方について、まだこのような具体的指導方法を出せていなかった頃は、壁を押す際に、**「厚い豆腐の向こうに壁があると思ってみて」**と言っています。押す手の平と壁の間に巨大な豆腐が挟まっていて、その豆腐を崩さないよう力を加えて、向こう側の壁の手応えを探る。そんな感じですね。

豆腐感覚が生まれない、**いわゆる普通の押し方だと、壁の表面で力が止まってしまい、押す力が自分に跳ね返って**きてしまいます。壁を押すというよりも、実は、壁を踏み台のようにして自分が後方に飛び退く感じのエネルギーを生み出しているわけです。それにもかかわらず押すと、頑張り感だけが強くなり、実際にはそんなに押せていないとなるのです。

この豆腐のイメージで壁の中に重さを移動させる感覚を掴める人もいましたし、ピンと来なかった人もいました。そのピンと来なかった人も、ここで紹介している方法で方向性を伴ったまとまりがわかってくると、豆腐のイメージもわかるようになるんです。

これは、また後の章でお話しする、イメージと思考の一筋縄ではいかない関係の表れですね。

さて、先ほどの人差し指の引き抜き実験で、自分の身体がまとまっていることで、相手の身体も自分の身体の延長・一部にできたという言い方をしました。方向性を伴ったまとまりも同じことになります。

豆腐を挟んで壁を押すと、力が浸透する

普通の押し方の場合、力が壁と衝突。
跳ね返されてしまう。

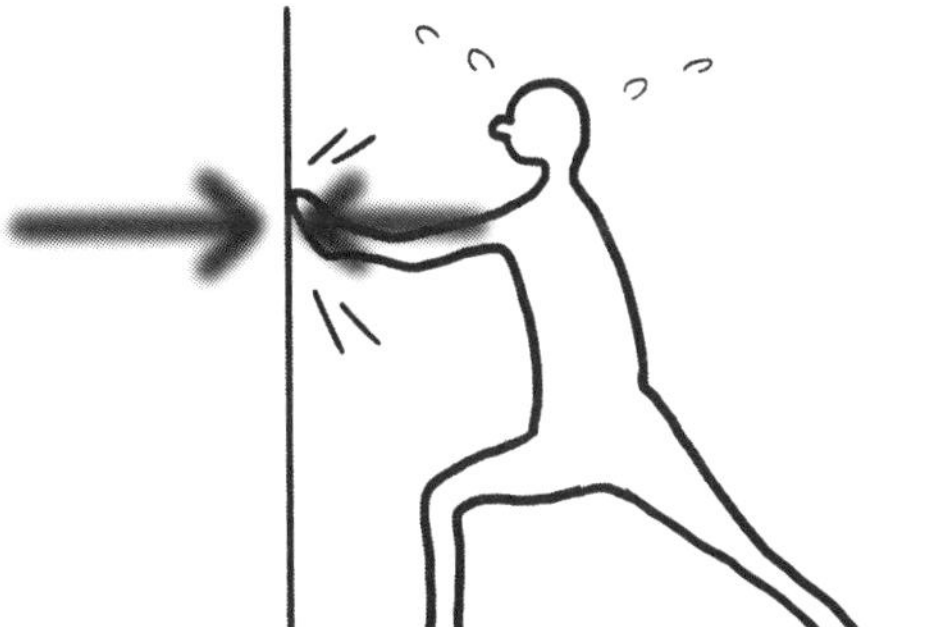

カラダがまとまると、相手の濃淡が一続きになる

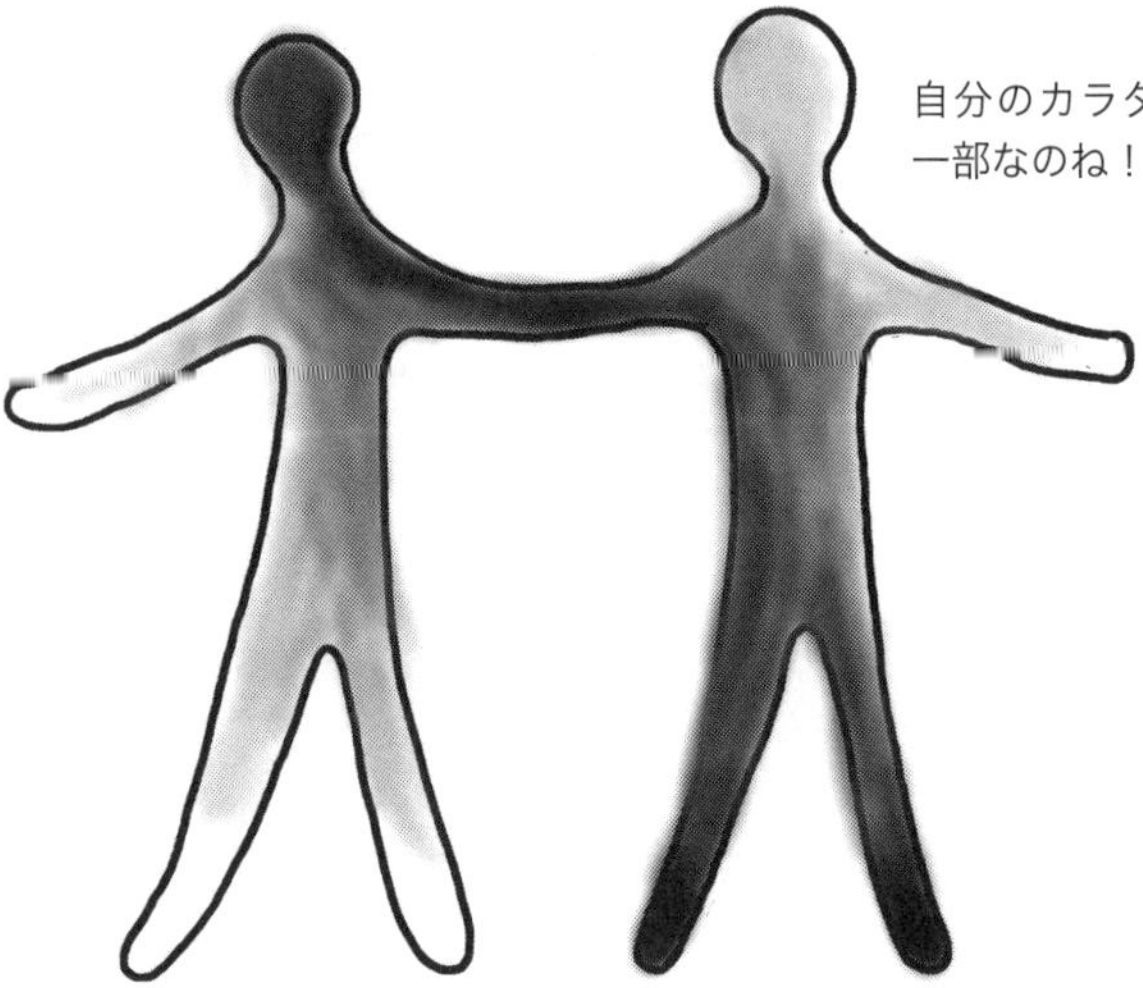

相手が相手として自分の外にいるのではなく、自分の内にいる。それは**相手からすると、こちらが他者ではなく自分であるかのよう、**ということになります。

「方向性を伴ったまとまり」という「目に見える動作が始まる前の動き」によって生まれる対象物（人）との一体感。これを維持したまま、押し（引き）続けることができるかどうか？　これがないままに、あるいは途中で見失っても押してしまうことが、いわゆる力みという状態です。

脱力とは、イコール力まないということではなく、**脱力をすると、この一体感**

が生じやすいということなのです。

また、一体感を維持したまま押し続けるということは、対象物（人）の状態が変化すれば、当然こちら側も変化する必要があるわけです。しかし、**一体感がなければ変化に対応できず、**一方的に自分の力を流し続けることになりますから、やはり無駄な力、力みが生じます。**受信力を伴わない発信力には気をつけなければいけない**ということです。

この辺りのことも、濃淡で捉えるとわかりやすいのではないでしょうか？　対象物（人）との一体感、つまり一続きの濃淡ですね。向こうの濃淡の変化に伴って、自分の濃淡を変化させるという感じです。

表現の場での目に見える動作が始まる前の動き

方向性を伴ったまとまりとは、濃淡のお話での「手先に集まった濃さが手先から外へと流れる」に通じるものですね。濃淡をより立体的に捉えた感じです。全身を包む空間を感じられるようになっていると、自然に受け入れられるのではないかと思います。

これまでのところを、まとめますと、次のようになります。

●**体の力の入れ加減・脱力具合は、「濃淡」**で見るようにする。
●その濃淡を移動させるように、**力を重みとして自分の外へと移動させる（＝エネルギーを流す）**。
●身体がまとまると、重みの移動が**立体的な質量を伴った空間の移動**として扱えるようになる。

こういったイメージは、実際に面と向かい、動きながら話せるクラスの場では、共有しやすいのですが、こういった文章だけでどこまで可能なのか？　共有できれば、と願うばかりです。何しろ、解剖学的な範囲で分析した動きでは、説明しきれないものですから（説明できたとしても、それを元に自分の動きに活かすのは不可能に近いでしょう）。

そこで、私の舞台写真を使った説明を加えることで、皆さんのイメージの具体化に少しでも貢献したいと思います。

次の写真①から、どのようなエネルギーを感じるでしょうか？

外側ではなく内側に向かっていることは、容易にわかると思いますが、内側にかなり強くギュッとしている印象かと思います。といって力みはありません。右手は開く感じではなく、握りしめそうな感じがすると思います。

写真②は、実際に手を握りしめたところですが、自然と握り拳に目が行くと思います。強く握りしめただけでは、そうはならず、拳は動作・姿勢の一つの記号としてしか認識されなくなります。

それは、**筋力的にただ縮める力を入れたのでは、質量を伴った空間が、重さが移動しない、つまり形の変化でしかないムーブメントになってしまう**からです。ですから、と言いますか、

写真①

写真②

そういった場合に大抵は肩や表情に力みが生じ、その部分に目が行くことになるんです。

むしろ実のところ、このようなエネルギーを扱えずに筋力感覚で動いている演者は、そのことを**潜在的に感じています**から、顔で演技するんです。エネルギーを増幅させなければいけないことはわかっているけれど、空間の変化・重さの移動という方法を持っていませんから、とにかく筋肉を収縮・力ませ、特に顔の表情で表現せざるを得なくなるのです。

だからといって顔で演技するなと言っても、そうすると**本当にエネルギーの出しようがなくなり、気の抜けた**演技になってしまいます（淡々とした演技・口調の芝居は、この壁を別の形で乗り越えようとしている面があると思います）。

さて、これらの写真では、拳を握る前の時点で「目に見える動作が始まる前の動き」を正確に生み出せており、かつ握ったときも、拳に筋力ではなく張力が働いているため、一枚目で見る人に拳を握ることを予感させ（意識には上らないと思いますが、身体は感じ取っています）、実際に握った後の写真との**連続性が保たれている**のです。

人は、自然とこの辺りのことを感じ取っています。**演技の場合、何が良いかはそれぞれの価値観**がありますが、身体的には感じ取っていますから、すんなり受け取れるか、違和感を覚えるかということになります。けれど、何がどうというのはわからず、**「表現力」というフワッとした曖昧な言葉で片付けて**しまうのです。

一連のイメージの実際的な使い方が、いくばくかは見えてきたでしょうか？ このような舞台表現・演技でなく、例えば、空手や中国武術の型や套路《とうろ》、演武といったものは、同じようなところがあるでしょう。

演ずるといったような形で行う必要がなくとも、スポーツでの投げるでも打つでも何でも、実は同じことですから、絵的・映像的に使い方を掴んでいただければと思います。

意識・内面の動きの可視化

ということで、絵的・映像的に掴むために、実際にちょっと絵を描いてみましょう。絵にしようとすると、**エネルギーや空間、重さ**といったものが、身体的にわかるようになると思います。

動物がいいと思います。いえ、動物自体を描くのではないのですが、元のイメージを動物にしたほうがわかりやすいだろうということです。

ここでは、小さな動物が何か危険を察知して立ち上がったときの様子にしましょう。動物の体を詳細に描くのではなく、動きの雰囲気を大まかに描く感じです。どう描かれますか？

頭のほうにスッと立ち上がるようなライン、それも下のほうは少し広がっていて…東京タワーのようなライン。同時に、顔の周囲に少し大きめの丸を描きたくなるような…。すると、岡本太郎の太陽の塔のような感じのラインになるかもしれません。そして、その視線のライン、目あるいは前頭部から光線が出ているように、あるいは頭全体から四方へと波紋がつば広の帽子のように広がるラインを描く。

いかがですか？　こういったものは、どなたも概ねイメージが共有できるのではないでしょうか？

私たちは、**実は普段から人に対しても、(無意識に)このようなところを見ている(感じている)**んです。ただ、それはやはり身体の変化があってこそです。エネルギー、エネルギーといえど、あくまで身体の変化なんですね。ムーブメントの変化ではなく、です。

身体の変化は、**元は意識の変化、内面の動き**です。意識の変化、内面の動きによってムーブメントも変わるでしょうけれど、ムーブメントが変わったからといって、意識の変化、内面の動きが生じるわけではありません。ムーブメントに空間や重さの移動といったものを付随させられると、意識の変化、内面の動きが生じるのです。

心の問題にしない

さて、ここまでお伝えしてきた身体の濃淡、空間・重さの移動といったエネルギーの扱い方ですが、これは、いわゆる表現力にも通じますし、スポーツ・武術などでも、気持ちの入った動きになっているか、気の抜けた動きになってしまっているのかにも、通じるものです。

気の抜けた動きや、表現力がないとは、ただムーブメントをしているからで、エネルギーを扱えていないということなんですね。

このようなエネルギーの扱い方を元々当たり前の感覚として、無意識に使っている人からの指導・アドバイスは、どうしても当然ではあるのですが「気持ちの持ちようです！」ばかりとなります。そのため、このようなことを全く知らずにいると（以前の私自身でもあります）、**自分の心の持ちように問題があると思ってしまう**ものです。

力が末端で止まっていると…

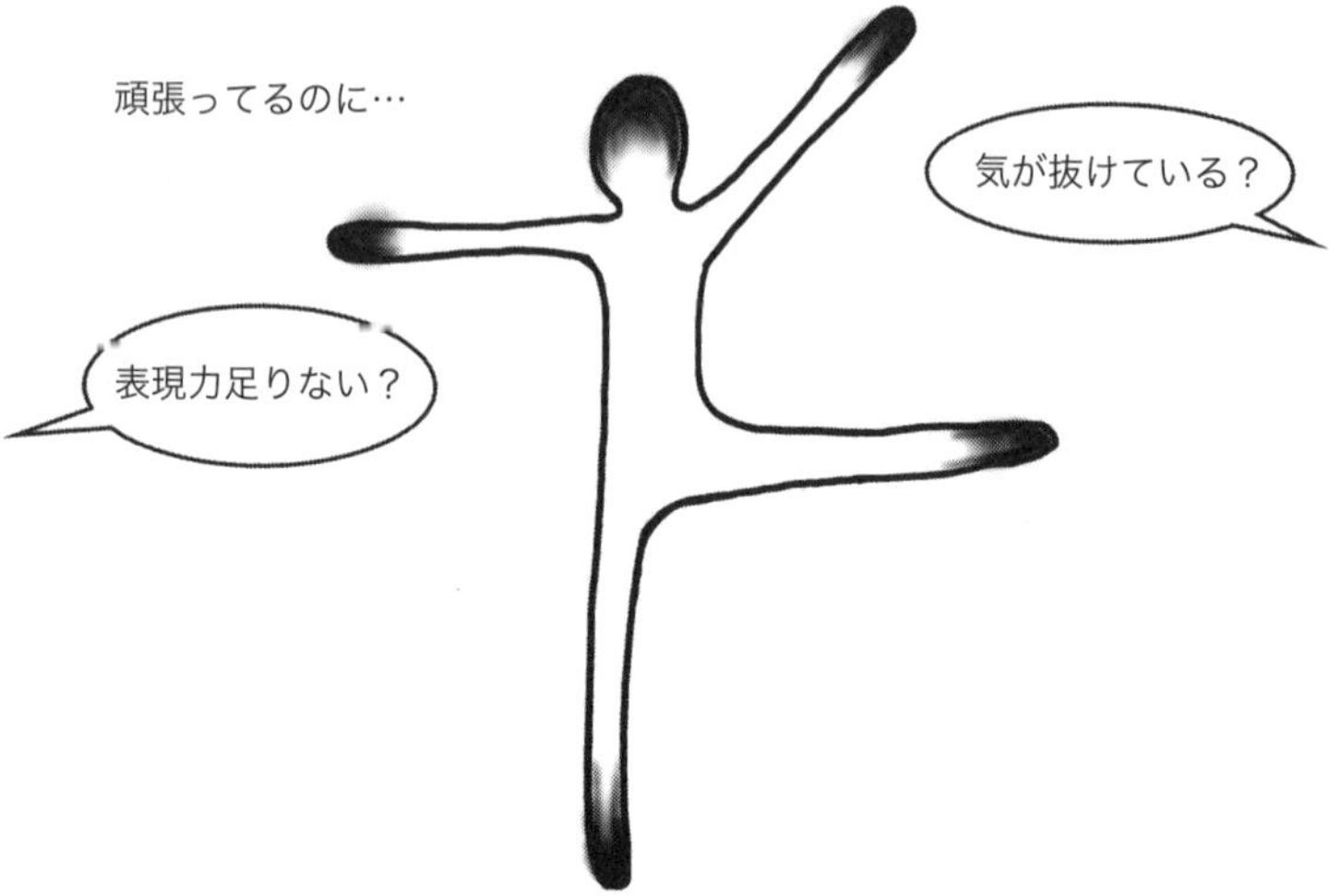
頑張ってるのに…
気が抜けている？
表現力足りない？

けれど、ここでお伝えしているように、気持ちの持ちようを身体化する言葉なり、別の方法があれば、変に戸惑うことなく、やるべきこと、その道筋が見えます。簡単に心の問題にしないほうが健全だと私は思っています。

例えば、先の「全力」も、全力というものを目一杯といった気持ちの持ちよう的な意味ではなく、全身と全意識（繊細なコントロール）を使うこと、と捉えたほうが良いということです。

心の問題にしてしまうことで、見えるはずのものが見えなくなってしまいます。

誤解されている全力ですと、自分の意識

浸透する力が使えると…

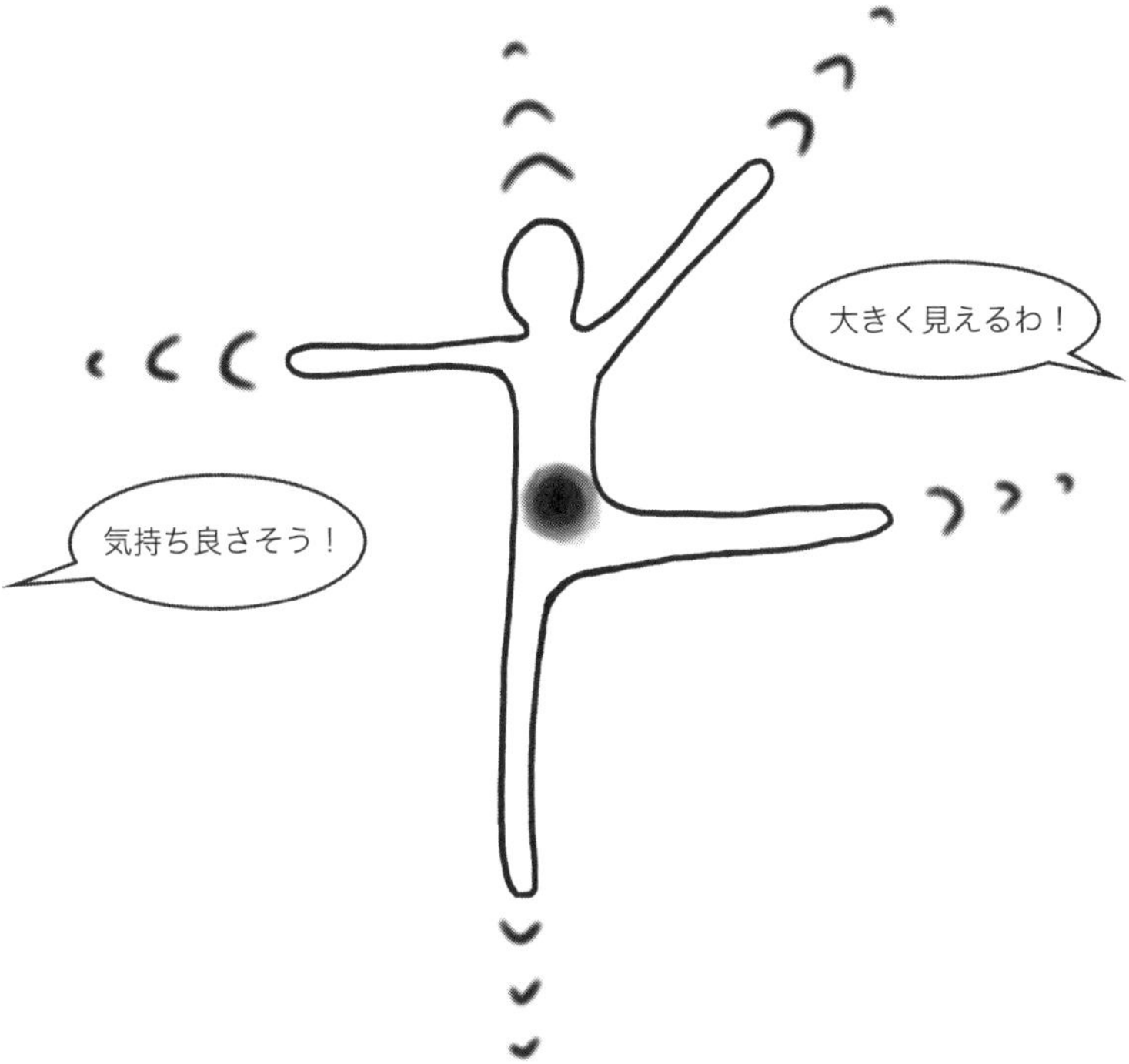

の向けやすいところ、力を入れやすいところばかりを働かせ、本来ならば働いてほしいところが抜け気味となり、バランスが崩れてしまうのです。

やる気モードの高い人ほど、コントロールすることを悪く思ってしまうかもしれませんが、本当のコントロールとは、手を抜くことではないんです。誰も、ＭＩＳＩＡが手を抜いているなんて思いませんよね？

手を抜くのではないコント

ロール、これを可能とするのが、全身のまとまりであり、空間の変化・重さの移動といったエネルギーの扱いです。

といったように、そもそも身体的な技術としてできるものは、さっさとできるようにすることで、どこかで**心のほうが身体より上位だと思っているところを、むしろ心とは身体ではないか？ということを実感**するようになると思います。

また指導者としては、身体的にできることをやらせずに、生徒・弟子の心だけの問題にしてしまうのは、指導者を権威づけるのに都合の良い手段にしているのでは？と省みる必要があると思います。教えを受ける側は、具体的な取り組みをしないでいる言い訳にしているのでは？と省みる必要があると思うのです。

指導者も教えを受ける側も、いつまでもできない生徒でいることを、無意識に選んでいたりすることもあるんです。

もちろん、私自身もこの点は肝に銘じ続ける必要があります。そして、とりもなおさず、ここでお伝えする方法、考え方も、よくわからないものや、そんなことないでしょ？と思われる

心とは身体

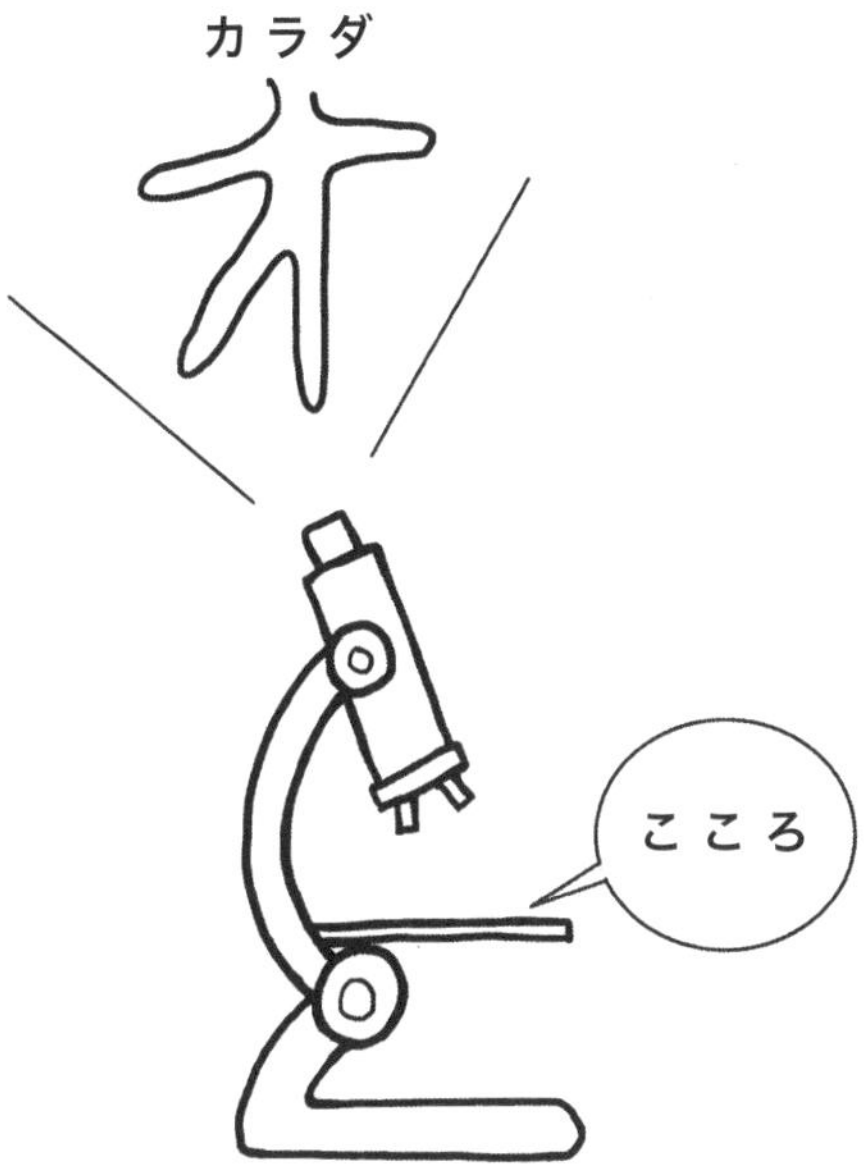

ものは、とりあえず放っておいてください。まずは使えそうなものだけ取り入れていただけたらと思います。あなたにとって役に立つか立たないか？だと思いますので。

第4章

骨の微動／縦長&横長

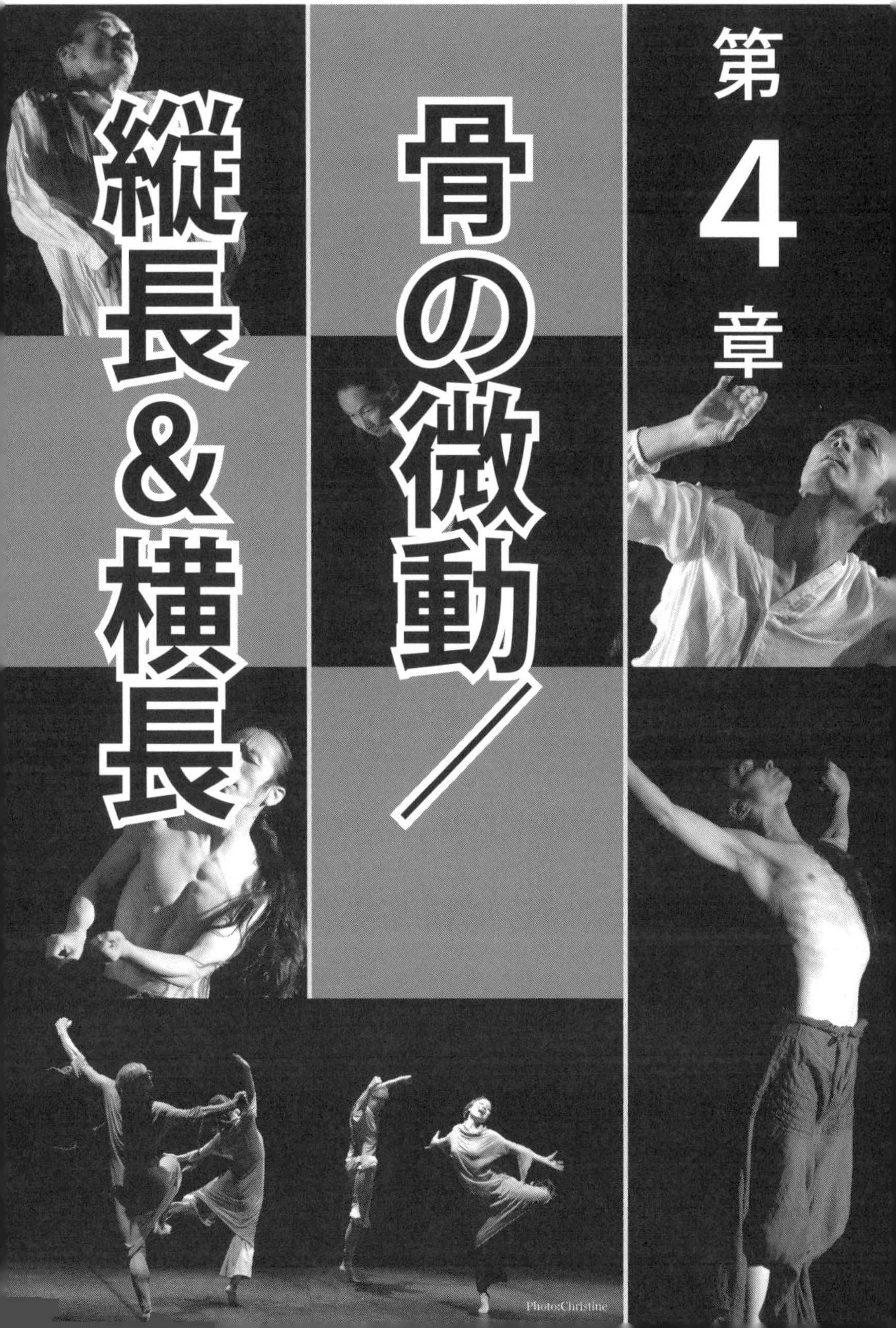

Photo:Christine

骨の微動

ここまで、濃淡や空間、重さといったイメージを使ってきましたが、ここでは、「力を抜く」「力を入れる」ということを、少し具体的な方法に落とし込んでいきたいと思います。

まずは力を抜くことを。

力を抜くというように、「何かをしない」というのはとても難しいことなんです。しないようにと意識すればするほど、そのことに意識が向くわけですから。

もしそれが簡単なことでしたら、無我の境地なんて何でもなく到達できます。「していないつもり」と「していない」は全く違いますよね？

結果として、していない状態になるように、何かをするほうが、遥かに楽。そもそも「していない」を自分自身で確かめようとすると、何かをするしかありません。

そこでオススメしたのが「すきま」だったんですね。前著や前々著を偶然書店で見つけ、その立ち読みのまま「すきま」を意識してみたら、体が軽くなりすごく良い感じがしたという方が、何人もいらっしゃるようです。

そのように変化が生み出されることが重要で、実際にすきまができたかどうかではないのですが、ちょっとよくわからなかったという方のために、こんな意識の仕方を提案したいと思います。

それは、**「あらゆる骨を微動させ続ける」**というものです。これは、どなたかとペアになって実験していただかないと、効果がわかりづらいと思います。方法は次頁のイラストを参照してください。

これは止まっている状態ですが、ゆっくりなら動きながらでも可能ですので、トライしてみてください。

一人でただ動いてみてもいいですし、何か（人でも物でも）を押すでもいいと思います。この「骨を微動させ続ける」は、ＤＶＤなどで映像化しても、全く伝わらないと思います。ムーブメントに変化が起きず、ただエネルギーが起きるだけですから。

骨の微動ワーク

◎肉（筋肉・脂肪）の中で、全身のあらゆる骨を動かし続ける感じ。
※外からは、動いてるようには見えない
◎お互い足を揃えて真正面に立ち、ペアの人は横から片手で押してみる。
◎骨の微動をしない普通の状態の場合でも、同様のことを行い、比べてみる。

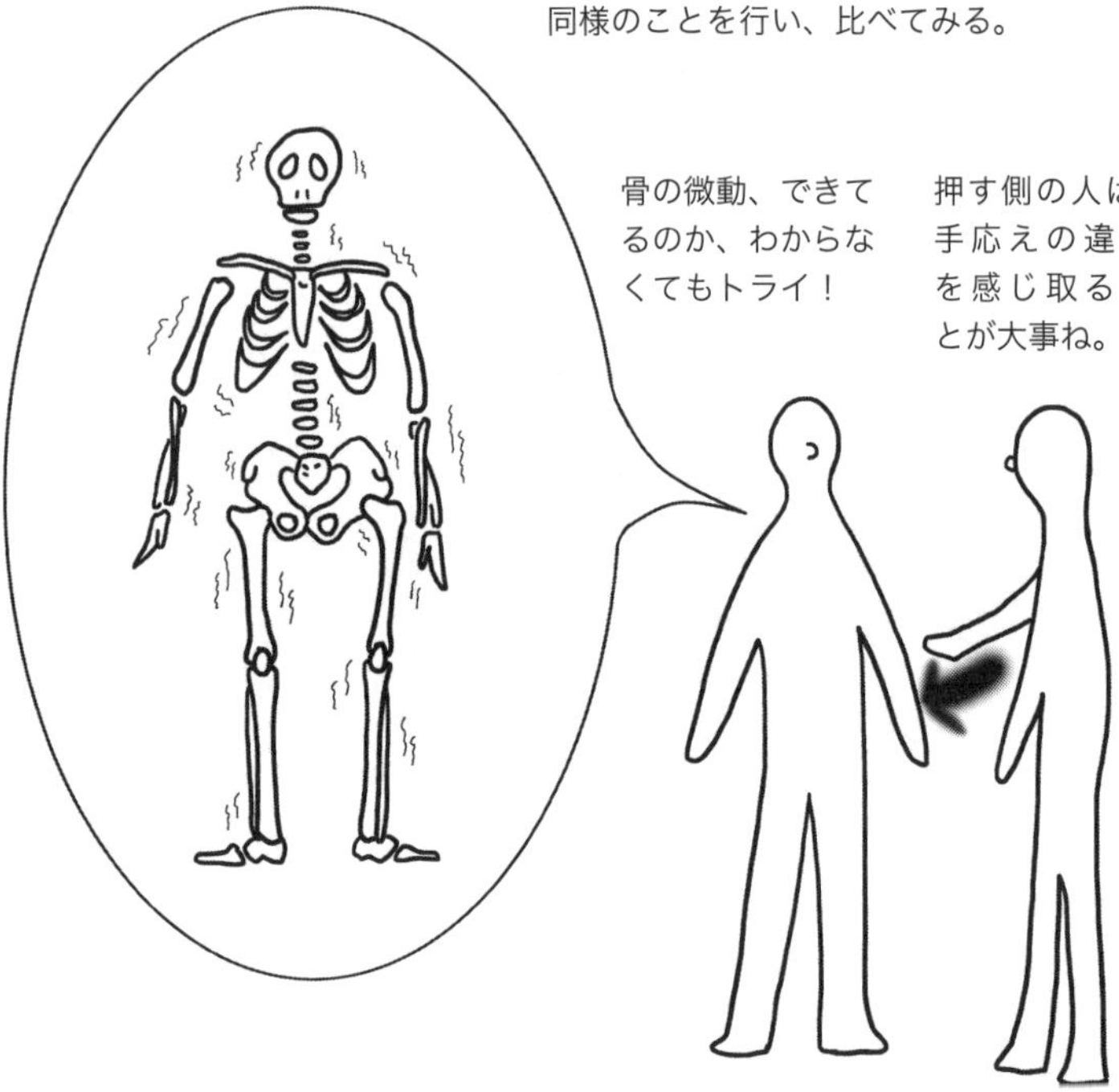

骨の微動、できてるのか、わからなくてもトライ！

押す側の人は、手応えの違いを感じ取ることが大事ね。

相手を動かそうとするくらいの力で、横から片手で押してね（後ろから抱きかかえて持ち上げるのも、わかりやすいかも）。

力みの解消

何かを押すといったように大きな負荷が掛かると、ついどこかの骨が動きを止めてしまいます。この**骨が動きを止めてしまっている状態が、「力み」**なんです。

力みというのも、はっきりわかるものから、上達するに従ってどんどんとわかりづらい、それこそ力みとは言わないのでは？と思われるようなものになっていきます。ですから、「力んでいるな」と、どのレベルまで気づけるか？は重要になります。

しかも、他人から指摘されてもあまり意味はありません。本人の感覚にないことは、

肉の中で
骨が微動だにできない＝力み

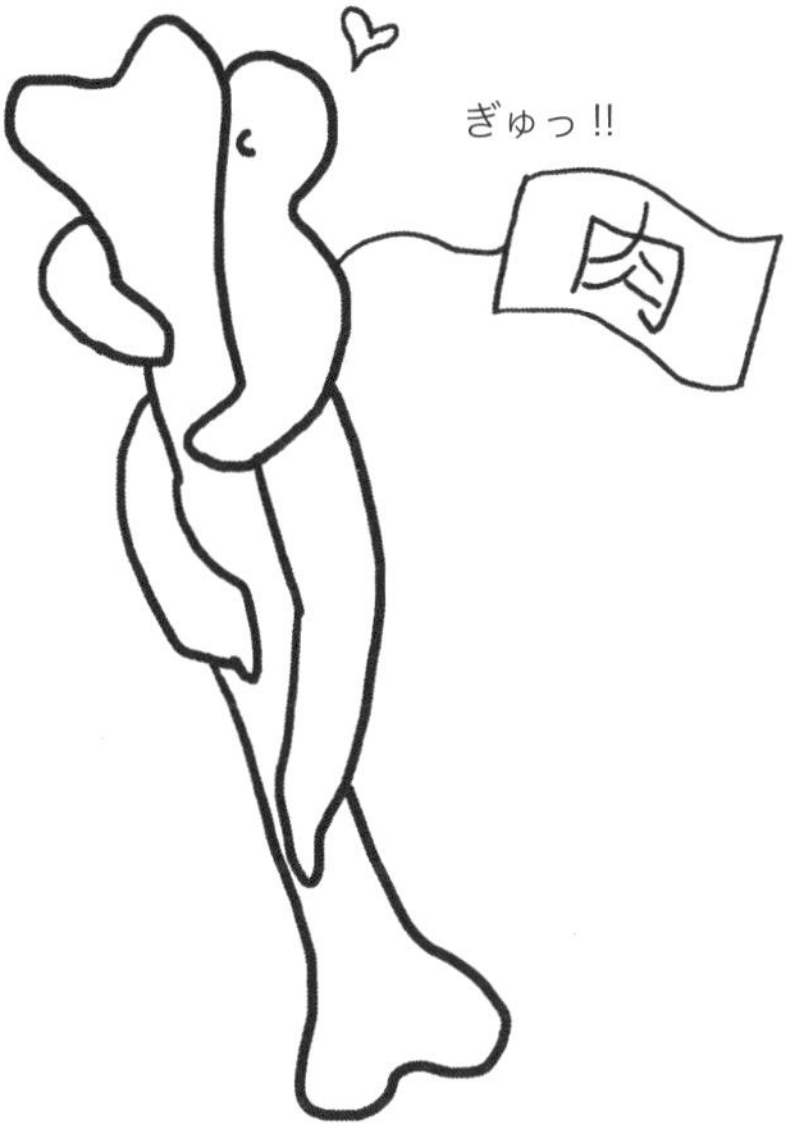

手のつけようがないからです。その意味で、**指導のつもりで、「力んでるよ」と指摘するだけでは、ますます混乱させるだけ**ですから、やめたほうがいいと思います。

その力みの箇所から、その人の身体的な意識が外れるような方策を投げ掛ける必要があるのです。

骨の微動に戻りましょう。骨の微動と言われても、ただイメージしてるだけで、できてるかどうかわかりませんという人でも、何かを強く押しながら骨の微動をやると、負荷が大きく掛かるような腕・肩の骨を微動させられないというのが、意外にもわかるものです。イメージが届かないんですね。

右腕は全く動くイメージが湧かず、左腕は湧くといったこともあります。ですから、これを読んで「骨の微動？？？」となっている方も、とりあえず一度はやってみてください。もちろん、信じてやってくださいね。

骨が微動だにしない状態は、私の言葉で言うと、すきまが潰れている状態というわけです。骨の周りのすきまが、筋肉などによって押し潰されてしまって、骨が身動きとれないという感

骨の微動＝脱力

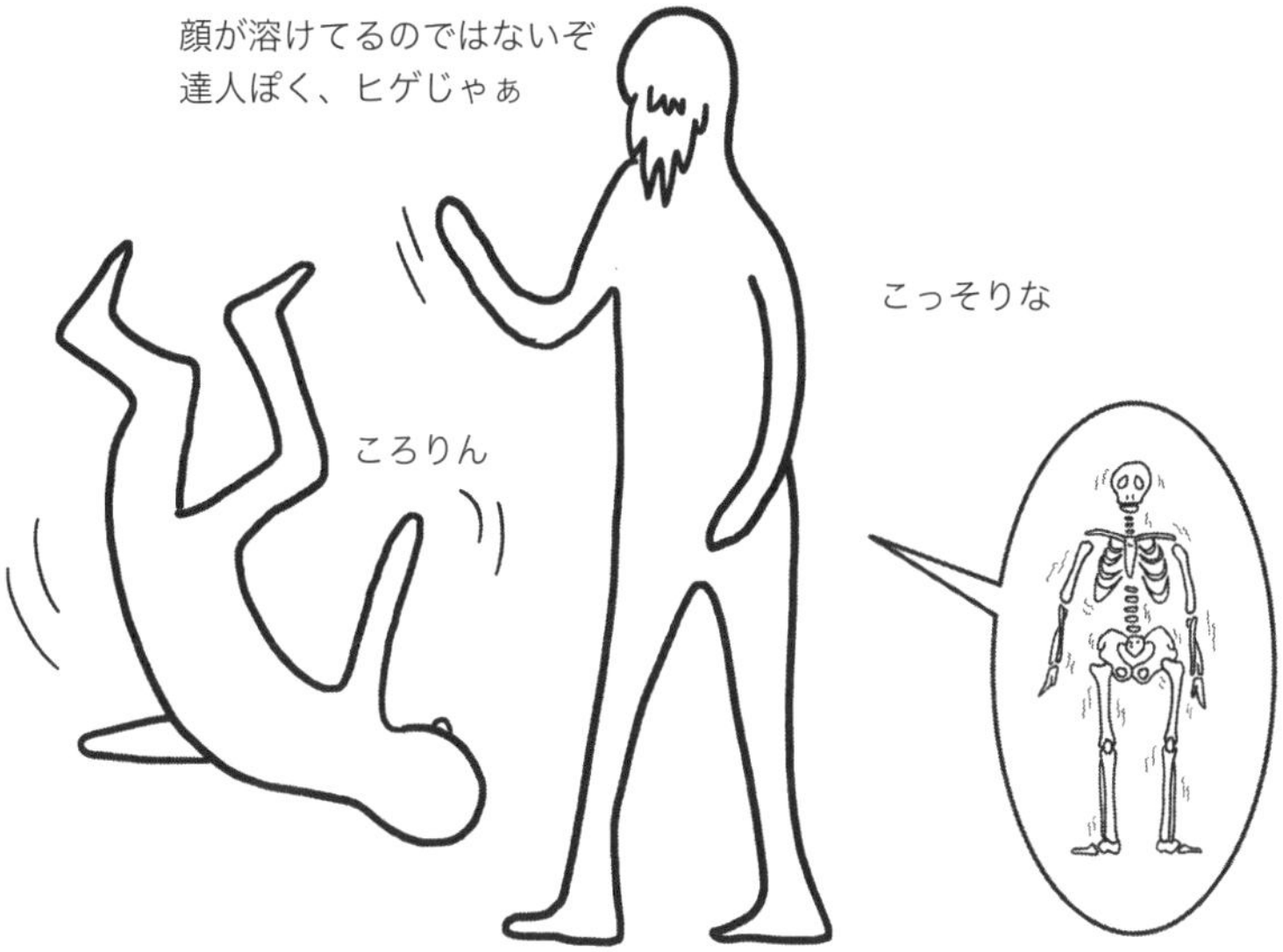
顔が溶けてるのではないぞ
達人ぽく、ヒゲじゃぁ
こっそりな
ころりん

じです。すきまがないと、エネルギーは流れてくれないのです。

私の専門は身体表現ですから、武術や格闘技といった対人競技ではないですし、接触プレーの多いスポーツでもないので、対人でのこの感覚を特別に磨くことはしていません。しかし、**武術の達人**といわれる人は、おそらくこの**骨の微動技術を対人で高度に使いこなせる**のだろうと思います。それを脱力という言葉で伝えているのでしょう。だからこそ、筋肉も柔らかい。

もちろん身体表現でも、どれだけ気持ちを高揚させても、この状態を逸してしまうと、力みの頑張り感になってしまいますので、やはり高度に使いこなせる必要があります。武術と表現では、同じ技法の使い道が違うだけ、そう理解していただけますと、身体作りにおいては同じことだと捉えていただけると思います。

ちなみに指導者が生徒の力んでいそうなところにそっと手を触れるだけで、フッと力が抜けることがあると思うのですが、それは生徒の側の頭の意識というよりも身体的な意識が取り戻せたからだと考えられます。

ということは、強く動かすように触れないほうがいい。そうすると、反発が生じます。筋肉にというより、皮膚に刺激を与える程度のほうが効果的だと思われます。

といったように、骨が肉（筋肉や脂肪）に押さえつけられることなく、肉の中で揺らげるかどうか？　単に「力を抜きましょう」と言われても難しかったことが、こんなイメージで突破できる可能性があるわけです。

「力んでるよ」と指摘されたら、肉が骨にしがみついているんだなと思ってみてください。「力んでるんだ」と思うよりも、ずっと解消のチャンスは高まると思います。

ただくれぐれも、できているかどうか自分ではわかりづらいものなんだということは頭の片隅に。骨の微動、何かあったら思い出してみてください。

ムーブメントとエネルギー

さて、この骨の微動から見えてくることは、身体の動きが見た目には止まっていても、中身は動き続けていることが重要ということになります。

エネルギーとは流れです。流れが止まってしまっては、大袈裟にいうと、それは死です。「静止」と「停止」の違いでもあります。**「静止」ではエネルギーは動いていますが、「停止」は文字通り止まっています。**

「停止」しているものを動かすには、大きなエネルギーが必要です。「静止」している場合はアイドリング状態ですから、少しのエネルギーで動き出せるということですね。

「静止」と「停止」は全く違う状態

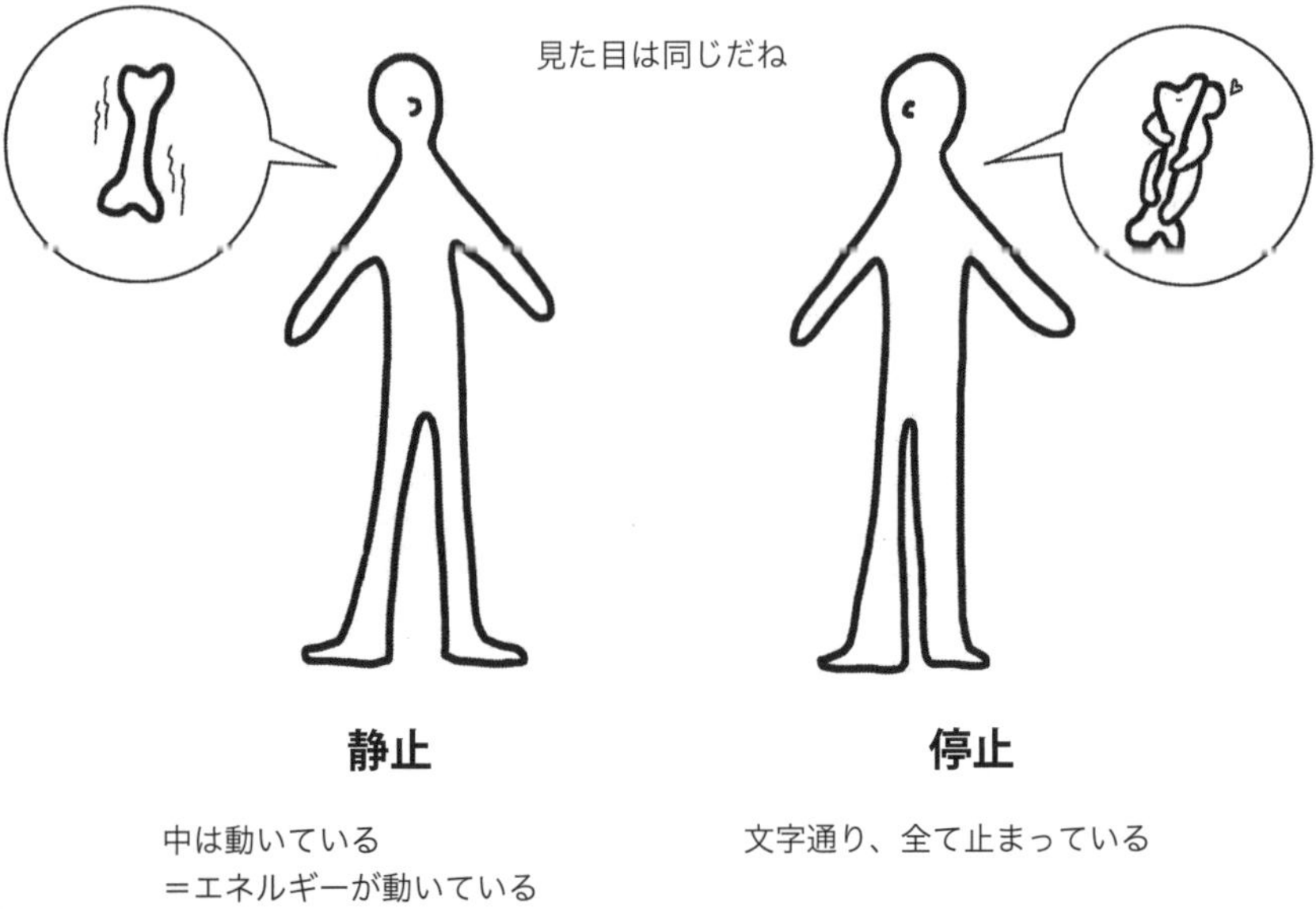
見た目は同じだね
静止
中は動いている
＝エネルギーが動いている
停止
文字通り、全て止まっている

小さな子どもがじっとしていられないのは、エネルギーに満ち溢れているのですから、当然ですよね。そして、老いていき、死に向かって、動きがなくなっていく。これは、身体の動きに限らず、心も全く同じで、そのことはまた章を改めてお話ししていきます。

いずれにしても、**見た目の動き、ムーブメントだけを見ていたのでは、見落としがある**ということです。

さて、ここまで読まれてどう

でしょう、エネルギーは身体の動きではないということ、おぼろげながらも、おわかりいただけたと思います。**ムーブメントの練習とエネルギーを動かすための身体の動きの練習は、全く別物**というわけです。

似て非なるものですが、エネルギーはわかりづらく、ムーブメントは見て誰でもわかりますから、世にはムーブメントの練習で溢れてしまっているんです。大事なものを見落としたままの練習なんです。

お話がそれますけれど、運動嫌いの人は、おそらくムーブメントに違和感を覚えているのだと思います。エネルギーを動かすことは、基本誰でも楽しいはずなんです。楽しいというよりも、喜び・歓び・悦びなんですね。

また、ムーブメントを下手にトレーニングするとケガを招きやすいですが、エネルギーを動かすものはケガをしづらいのです。ツライムーブメントは本当にただツラく感じますが、**エネルギーを動かすものはツライ動作でも、どこか気持ち良さを感じる**のです。

この気持ち良さが、序章でお話しした、身体の構造に則ることとの快適さというものが、単に楽しいとか気持ち良いというものではないということにつながるわけですね。

体を動かして気持ちいいということが、**運動後の爽快感や、運動中のハイな気分とは違う**ことを体感できると、世界が広がると思います。運動は体に良いとか、いや実は良くない面があるといったことから、距離を取れるのではないでしょうか？　そんなこともあり、私は安易に運動をススメたりけしないのです。

「エネルギーは流れてこそ」ということ、これは身体の動きだけでなく、この世界のあらゆることにいえます。身体を動かすことが得意でない人でも、ビジネス・芸術表現・日々の生活・精神活動など何かしらで、**停滞させず動きを持たせるようにすることの重要性**に元々理解があると、身体を動かすときも同じだと思えるのではないでしょうか？

逆に、身体の内側で動きを止めないことの重要性を体感できることで、精神的な活動でも同じだと、運動以外のところでエネルギーの流れに目を向けられるようになるかもしれません。

背骨をより長く

力を抜くには骨の微動、の次は、力を入れることに関するお話です。

力まずエネルギーを生み出すために、かねてより「張力」「すきま」を提案していますが、今回は少し違った方法のお話です（最終的には、これも張力であり、すきまではあるのですが）。
まず最初に、キーワードだけ挙げておきます。

▼縦長＆横長

すでにお話ししましたように、力は入れるものではなく、出すものですし、重さを伝えるものです。「入れる」では力みになってしまいます。ここでは「エネルギーを強める」という言い方をしていきます。

エネルギーを強める際、全身を「より長く＆より広く」したいのです。…長く？　広く？…何??　ですよね。細かく説明していきますね。

まず、背骨です。**背骨全体をより長く**するように動きたいんです。丸まる動きでも反る動きでも、捻るときも横に曲げるときでも、常により長くしようとするんです。

イメージとしては、背骨の一つ一つの骨（椎骨）の間のすきま（関節）を広げる感じです。首の一番上（頸椎1番）から尾骨まで、全部で26個ある骨全部です。

ただ、これだけの数を意識するのは大変ですから、まずは肋骨と骨盤を引き離すようにする

いつでも背骨をより長く

◎特に下方向に長く
◎椎骨同士の隙間が狭くなる側もしっかり長く
◎同時に肩幅もより広く

丸めるときも

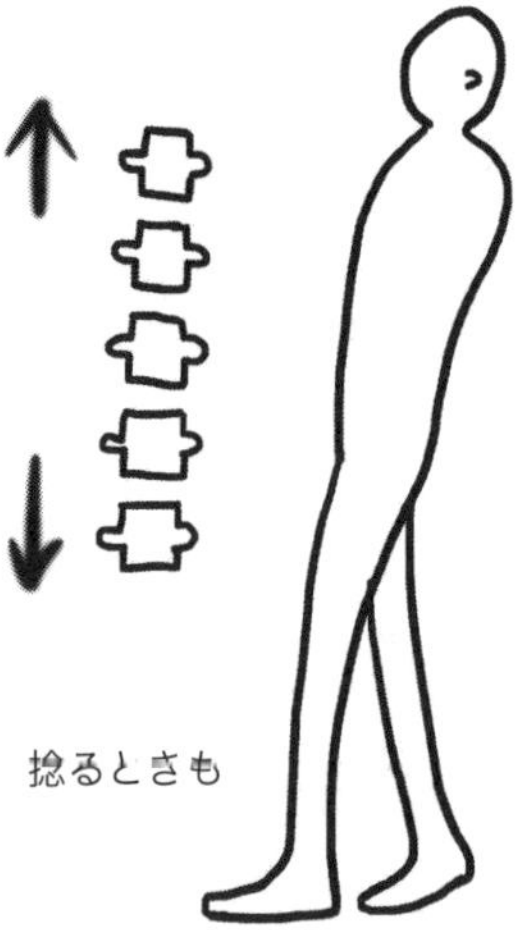

捻るときも

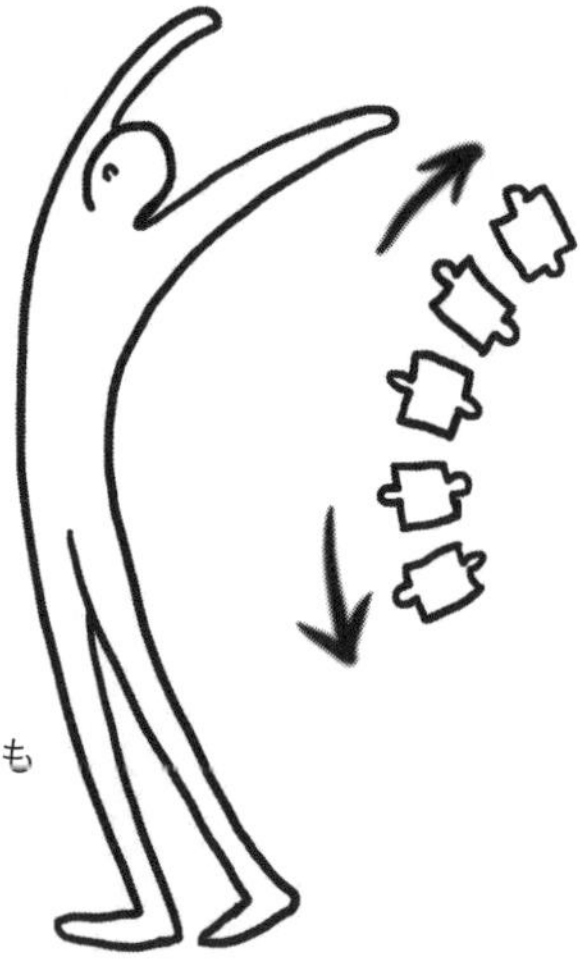

反るときも

のがオススメです。その際、肋骨を上に引き上げるのではなく、骨盤を下に押し下げるようにするのが肝になります。

肋骨を引き上げるほうが動きとしては楽なのですが、力を出そうと頑張ると、つい上半身に意識が行ってしまうものです。それが力みを生みやすくさせるわけですから、肋骨の引き上げを意識的に行うことは、オススメできません。息も詰まりますし。

大事なことは重さを移動させることですから、**地面方向へと背骨を伸ばす意識、つまり骨盤を下に押し下げる**ことが重要になるのです。

また、もう一ついえることは、肋骨を上に引き上げることは楽で、骨盤を下に押し下げることは難しいだけに、肋骨への意識だけだと、背骨が長くなりづらいのです。上方向だけに背骨が動いてしまう感じで、下方向への伸びがなくなってしまう。ですから、意識としては下方向に背骨を長くすることが重要になるのです。

このとき、もう一つとても大事なことがあります。それは脚の脱力です。

脚の脱力については、「膝下からパワー」が役に立つのですが、それは『筋力を超えた「張力」で動く！』に詳しいので、ここでは前出の**お尻（の穴）を締めつつ開ける方法で、お尻の力を**

抜くようにしてください。

こうすることで「骨盤を下に押し下げる・背骨を下に長く」のエネルギーが、地中深くへと届くようになります（足先・足裏を通り越して、より深く・遠くへとエネルギーが伝わるということです。豆腐越しの壁押しの際の、手が壁に深く沈み込んでいく感覚と同じです）。

この背骨を長くする際に、上方向だけでなく下（骨盤）方向に長くする意識は、地面に足がついていないときでも同じことです。

わかりやすい動きとしては、うつ伏せで背中を反らせる、いわゆる背筋運動。このとき、持ち上げる上半身の背骨をより長くしようとするのですが、それ以上に、腰の骨、尾てい骨を足先のほうへと長くする。胃の裏側に当たる胸椎12番辺りを境に、背骨を両方向へと伸ばしていくような感じです。

肩幅をより広く

ここまでが、エネルギーを強める際の「全身をより長く」になります。次はもう一つの「より広く」です。広くとは体の横幅を広くすることになります。肩幅と考えていただいて大丈夫です。

こちらも背骨の長さのときと同様に、胸を丸める・反らす、動く際はいつでも、**より肩幅を広く**しようとするんです。これは腕を動かすときでも同様です。腕をどの方向に動かす場合でも、常に肩幅をより広くする。

もちろん、目に見えてはっきりわかるように広くはなりませんから、できているのかどうか判断が難しいとは思います。まずは、とにかくイメージしていただけたらと思います。

例えば、バレエやダンスなどで腕を上げる際に、肩が上がらないようにという指導がありますが、「より広く」をうまく行えると、これが肩を下げようとせずとも、自然と下がっているようになります。

他のスポーツでも同じですね。**肩を下げようとして、自ら下げてしまうと、体幹部分が力むため動き全体が硬く**なってしまいます。どうですか？　身に覚えのある方、多いのではないでしょうか？

肩が下がるような使い方は重要ですが、下げるのとは全く異なることなんです。「下げる」

背骨を短く、肩幅を狭く使いがち

は能動的、「下がる」は受動的。

「下げる」は動作にとって必然性が生まれていないところを、頭のほうからの一方的な命令で行うことになるので、身体にとっては不自然で窮屈になります。一方、「下がる」場合は、エネルギーを強めるために、必要があって自然に起きることになります。

こうしたことも、見た目に起きていることを、そのまま再現させよう・しようとすることの間違いです。見た目はあくまで結果ですから、結果自体を再現しようとするのではなく、結果が起きるようなことをする必要があるということなんです。

さて、背骨をより長くしようとすることと、肩幅をより広くしようとすること、この二つを同時に使って、例えば、背筋運動でも腹筋運動でもしてみてください。意識しないときと比べて、何かしら変化が起きていれば十分です。

使いこなすには理解と慣れが必要ですから、何か軽い感じがするとか、力を入れやすいとか、いつもよりできそうな気がする、呼吸が楽?とか、そんな変化を少しでも感じられたら、うまく意識できているということです。

ちなみに、『筋力を超えた「張力」で動く!』でお話しした、**「お腹を長く」**とは、ここでいう背骨を長くに当たります。ですから、例えば、腹筋運動で背骨を長くすることを意識しづらい場合には、「お腹を長くしながら」という意識をしてみてください。脇腹を意識するのも効果的です。

また、腹筋運動で肩幅を広くしようとして、肩・首が変に力んでしまうようなら、**「左右の脇の下の幅を広げながら」**と意識してみてください。

横長＆縦長の大事さを、感じ取っていただければと思います。

気持ち良さの勘違い

この横長&縦長も、結局のところは、体の中のすきまを広げているということなんですね。そして、そのことで張力が強まっている。エネルギーを少しでも強めるときには、忘れてはいけないことになります。

私たちはつい、力を入れるという身体の使い方をしてしまいます。そのとき、背骨は短くなり、肩幅は狭まり、となっているのです。筋力で縮め、すきまを潰しているということですね。それではエネルギーは通りません。生じるのは頑張り感です。

何度も同じことを言うことになりますが、このような頑張り感がもたらす高揚感や、その後の爽快感は、私のオススメする気持ち良さ・快適さではありません。それらはある意味、自分を見失っていることによる気持ち良さです。

本来の気持ち良さは、エネルギーの流れに委ねられていることによって生じるものです。ですから、自分を見失うのとは全く違った意味合いで、自分という存在が薄くなる感じがしますし、手応えも薄くなります。これも、次の章でお話しするイメージと同様に、似ているだけに厄介です。

「気持ち良く動きましょう」と言うのは楽ですが、**気持ち良く動くことは技術**。できるならば苦労しません。また、頑張った後の気持ち良さは、辛かったことからの解放によるものであって、ここで言う気持ち良さではありません。

いわゆる爽快感的な気持ち良さには、刺激の強さが必要。一見、運動は体に良いように思えてしまいますから、**爽快感・高揚感を指標にしてしまっていますと、どんどん刺激を強める必要が出てきて**しまいます。そうやって、体に良いことをしているようでいながら、体を壊していく人が出てきてしまうわけです。気持ち良さをどこに感じるか？　実は非常に重要なことなんです。

その意味で、運動嫌いな人は、爽快感・高揚感が指標にならない人なんだろうと思います。だからこそ、運動が辛く面白くないものになってしまう。身体の声を大事にしている人なのかもしれないのです。

ご自分が**運動は嫌いだと思っている人も、エネルギーを動かすために体を動かすことは、楽しめたりする**のは、そういった理由からだと思うのです。

ちょっと、こんなお話を。私のところに、58か59歳くらいの頃から通い始めた女性がいます。この方は運動嫌いで、学校時代はいつも体育の授業をどうやってさぼろうかと考えていたとのことなんです。

それが、私のやっていることを見て、なぜか興味を持ち、まぁそれでも60歳で辞めようと始められたんですね。それが、何だか気持ち良くて続いてしまい、まぁそれでも65歳で辞めようと思っていたらしいんです。ところが、その年齢も過ぎてしまい、今や68歳に！　そして、とうとう、「終日やっていたいわ」と。

エネルギーを動かすことと、身体を動かすことは違うんです。

戻りまして、多くの人は力を発揮する場面での手応えの薄さに不安を感じるものです。しかし、ここを脱しないと、どんなエクササイズ・トレーニングをしても、ずっと今の次元のままです。ですから、**脳の書き換え・価値観の書き換え**をする必要があるのです。

身体の使い方とは、単なる物理的な問題ではないんですね。これは、つまるところ、人生観・生き方です。身体のありようには、その人の生き方がそのまま表れているわけですね。

カラダには生き方が表れている

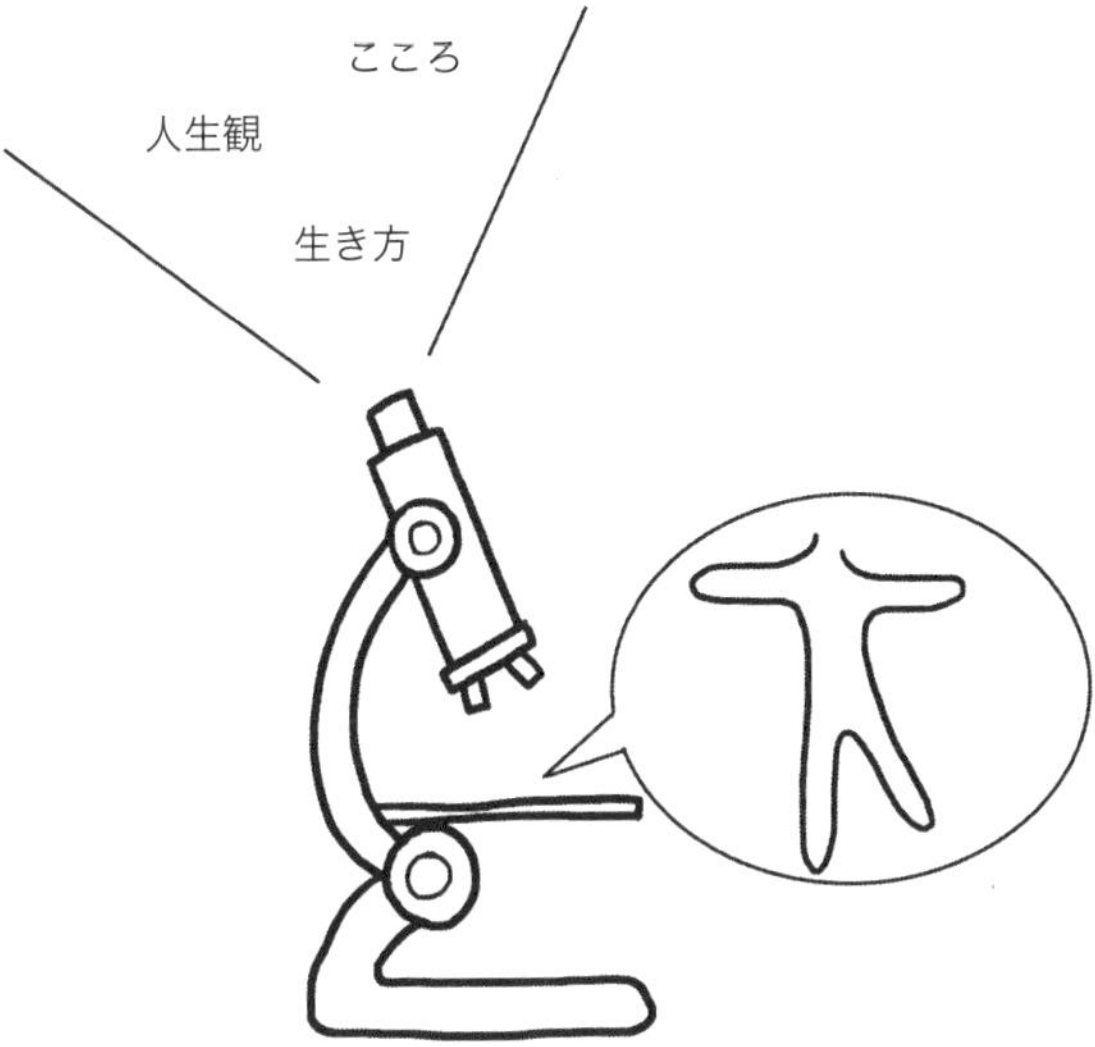

手応えとは、衝突の表れとも言えます。壁押しの際の、自分が跳ね返る力を受けている状態ですね。衝突を好むというのは、実は自分の中にある「つかえ」をなくしたいことの表れかもしれません。あるいは、自分という存在に対する不安を打ち消したいのかもしれません。

いずれにしても、「つかえ」のない動き、「つかえ」なくエネルギーを流すようにしていき、身体が解放されると、心も解放されていきます。逆に、心が解放されているなら、身体も解放されているということです。真の心地良さは、この解放の中にあります。

ということで、ここから先は心の解放に直接向き合うようなお話になってきます。いわゆる運動としての身体の使い方のお話は少なくなってきますが、身体からのアプローチであることに変わりはありません。脳の書き換えを進めていただければと思います。

第5章 身体的イメージと思考的イメージ

Photo:Christine

役立たないイメージ

本書の冒頭のお話、正しい動きをトレーニングすれば良いというものではない、ということにつながるのですが、**身体と意識の関係はそれほど精密ではない**んですね。

これは皆さん実感されていると思うのですが、正しい動きを意識して、それがそのまま実現できれば苦労しませんよね。ですから、結果として正しい（やろうとしてる・目的としている）動きができるような、促し・イメージの提案が必要なんです。

そのために、濃淡や空間、重さといったイメージを提案してきましたが、運動に限らず、**イメージが役立つときと役立たないとき**がありますよね。それは何の違いによるのか？

自分には想像力がないから？　あの人は想像力が豊かだから？　と、ここで止まってしまうと、先に進めません。ここでお伝えするのは、使えるイメージと、使えないイメージがあり、それは身体的なイメージであるか、思考としてのイメージであるかの違いというお話です。

私は**アートマイムという身体表現・身体演技を指導する際、「イメージをするな」というのが基本姿勢**なんですね。

「表現の世界はイメージが一番大事なのでは？」と思われるかもしれませんが、イメージは厄介なんです。**イメージの厄介さをわかっておかないと、**表現（音楽でも踊りでも）の世界ではもちろん、スポーツなどの世界でも、混乱をきたすと思っています。

身体の使い方を良くしようとすることにおいて、イメージのお話は何だかサブテーマのように感じられるかもしれませんが、極めて重要なお話です。例えば、「大地を踏み締めるように」「天から吊られているように」「もっと軽やかに」「足元が熱い鉄板だと思って」などなど、イメージ抜きに身体の使い方と向き合うことや、表現することは叶いません。

また、**イメージトレーニングがうまく機能するかどうか**にもかかわりますし、世の成功法則の類にも通じるものです。

ところで、身体表現・身体演技というと特殊な感じがしますよね。けれど、その道の専門家でなくても、**私たちは日頃、役割を演じています。**上司や先輩の前と、同僚や仲間の前とでは、ある意味全く違う人間になっています。

家族の中にいても、親として、パートナーとしてと存在を変えていますし、同じ人に対してでも叱ったり注意したりするときと、甘えたり喜ばせようとしたりなど、実は常に目まぐるしく自分を変えているんですね。

逆に言えば、どこでも誰とでも全く変わらない、変われない…例えば、初めて会う人に対してだけでなく家族にも常に他人のように接するといった場合、この社会においてはどこかに障害があるとみなされてしまうのですね。

その意味で、この社会では、演じることが求められているわけです。ですから、自分が演じているという意識を持っていないとしても、多くの人は演じているということですね。

ちょっとお話がそれた感じがありますけれど、スポーツでも演奏でも、あるいはボディワークのような身体の使い方を学ぶ際でも、良いイメージは大きな助けになります。そして、**イメージを体現するとは、広い意味では演じること**と同義だと思うのです。

自分でありながら、ちょっと違う自分になる。それは嘘を演じるのではなく、自分の中にあるものを引っ張り出す。そのことで、これまでの自分を少し超えた自分になる。

一方で、ただの妄想になってしまい、現実の自分から完全に離れてしまっても問題です。イメージとの上手な付き合いができるようになればと思います。

それはイメージではなく、思考

では、まずイメージの厄介さについてです。役立つイメージができるか？　それとも役立たないイメージをしてしまいがちか？

例えば、ものすごく狭いところにいるイメージをしてみてください。四方の壁が体に触れんばかりで、天井も頭に触れそうな、そんな狭いところです。

どうでしょうか？　このとき、圧迫感を覚えましたか？　覚えた方は**身体的にイメージ**ができています。けれど、圧迫感は生じずに、壁の位置や色・素材、あるいは暗いのか明るいのか？　窓をどう設定するかといったことに想いを巡らせていた場合、何だか非常にイメージしていそうですが、これは私のいうイメージではないんですね。これは**「思考」**です。

ちなみにですが、「圧迫感を感じないように平然とするようにしていた」という場合には、身体的にイメージができている可能性はあります。

何かをイメージさせる際、目に見えないものを様々に設定していくことを重視することが多いと思います。これこそイメージ力！という感じがするかもしれませんが、それは思考なんですね。行きすぎると妄想になります。

実は、そこでやっていることは「1＋1＝2」と同じことなんです。先ほどの例で、壁にまつわるものをどれだけ詳細に作り込んだとしても、それが**自分の身体感覚に影響を及ぼさないのであれば、**それは他人事。自分には無関係のことなんですね。自分が動く際のイメージとしては役に立たないのです。

もし仮に、壁が実は鏡で、四方が鏡の部屋にいることを想像して、「うわ～っ！　何これ!?楽しい!!」とか「怖い！」のような感覚になっていたら、それはそれでイメージはできていたとはなります。ただ、それは当初の設定である「ものすごい狭いところ」とは別の内容になっていますから、当初の設定に対してはイメージできていないということになります。

鏡の部屋ほど突飛ではないにしても、この手の、**自分のイメージしやすいものへと思考を加えて変換してしまう**ことは、妄想力の高い人にしばしば見られます。しかし、これをしていると、ここでいうイメージ力は高まらないので注意が必要です。世界が広がらず、いつまでも自分の狭い・偏った世界の中に留まってしまいます。

妄想力は、とんでもなく素晴らしい力を生み出す場合もありますし、とんでもなく間違った方向へ突き進ませることもあります。イメージとはまた違った意味で、取り扱い注意なんです。

もう一つイメージについて、とっつきやすいものを。

「あなたの一番大好きな、美味しいものをイメージしてください」。そう言われたとき、口の中で舌が動いてしまうとか、思わず頬が下がるとか、においを嗅ぐように鼻の奥とノドをつなぐような息の吸い方をしたり…といったようなことが起きれば、それはイメージができています。

これに対して、美味しいものの**絵を思い浮かべるだけなのが、思考**です。どんなにディテールまで思い浮かべても同じことですね。

そして、いわゆる表現者にありがちなことが「美味しいものをイメージして」と言われているにもかかわらず、その**シチュエーションなどのほうに意識が向いてしまう**こと。盛られている器がどうとか、どんなお店で、どんな人たちと一緒で、どんな様子か?といったような、美味しいものそのものではなく、それにまつわるものを詳細に考え出して、それがイメージ豊かであるかのように思ってしまう…。妄想力ですね。妄想は思考が強いことの表れです。

もちろん、それらが必要ないということではありません。けれど、「美味しいものをイメージする」ではありません。

古武術家と女優、イメージ力があったのは？

以前あるテレビ番組で、有名な**古武術家の方**と、これまた有名な**女優さん**の対談をやっていまして、その中で、こんなワークが。

お互い正座で向かい合い、一方がもう一方を押す、みたいなものだったと思います。押されないように抵抗を加えられると普通は押せないけれど、「宇宙を突き破る」（だったかな??）みたいなイメージを持つと、押せてしまうんですよ、といった感じだったんですね。

この女優さんは、舞台での身体性の高い演技やコンテンポラリーダンスもされるそうですから、この**提案されたイメージを持てれば、楽にうまくできるはずだった**んです。けれど、全くうまくいかなかったんです。全くです。

不思議ですよね？　イメージの豊かさでは、一般的に女優さんは大の得意ごとで、古武術家の方には縁遠いでしょうから。もし、女優さんがあるイメージを提案して、古武術家の方がそのイメージがうまくできずに良い動きができなかったのでしたら、わかります。それなのに、女優さんがイメージできずにうまくいかなった。なぜだと思いますか？

イメージ上手なはずの女優さんが…

これが、**身体的イメージと思考的イメージの違い**なんです。

おわかりかと思いますが、女優さんはイメージしているつもりで、実は、思考だったわけです。

では、古武術家の方はなぜ、そのイメージをするとうまくいくんですよと提案したのか？

それは、変な言い方になりますけど、古武術家の方はそもそも、その技（動作）ができているからなんです。そして、そのできているときの感覚が、あるイメージを呼び起こしているわけです。決して、イメージが先ではないんです。身体（感覚）が先なんです。

ですから、そのイメージを持てと言われても、この女優さんのように、**頭の中だけで考えるに留まり、身体（感覚）には変化が起きない**ことは十分にあり得るんですね。

しかも、身体に結びついていないことに気がつけない。あるいは、妄想力が高く、宇宙空間自体を詳細に思い浮かべ、本来の目的に適ったイメージではなく、自分の世界に入り込んでしまったのかもしれません。

一方、古武術家の方は、**イメージ（表現）の世界とは縁遠いがゆえに、イメージすれば良い動作になると、思ってしまう**んです。これは、この古武術家の方に限ったことではなく、どんな指導者にも言えることなんです。

似非イメージに注意を

このように、すでにできている人が、指導の際に提案するイメージは、できているがゆえですから、できていない人が、そのイメージでうまく行えるかどうかは、実のところかなり難しいことなんです。私の「豆腐の壁」も同じことでしたね。

また、**表現の世界の人は、概ね想像力が豊かではあるのですが、**それは、得てして頭の中に留まっている妄想、つまり思考的イメージであって、**身体（感覚）とリンクしていない**んです。けれど、リンクしていないことに自ら気がつくのは、とても難しい。**頭の中では、イメージ（実際には思考です）できている**わけですから。

そこで、私は表現のレッスンの場では、逆にというのでしょうか、例えば、良い感じで押せるかどうかといったワークを、イメージ（先の「宇宙を突き破る」）とは無関係に純粋な身体の使い方として学んでもらうのです。身体を先行させているんです。

そして表現として、その身体感覚から湧き上がるイメージ（「宇宙を突き破る」など）を大事に扱うようにしてもらうわけです。

こうすると、その人から現れる動作とイメージの解離が限りなく小さくなりますから、表現が観客にも届くようになります。これが、絵的なイメージだけで動作の質が追いついていないと、独りよがりの表現になってしまいます。

このように、**表現的なイメージとは無関係に、純粋に身体の使い方の質を上げていくことが、**

役立つイメージと役立たないイメージ

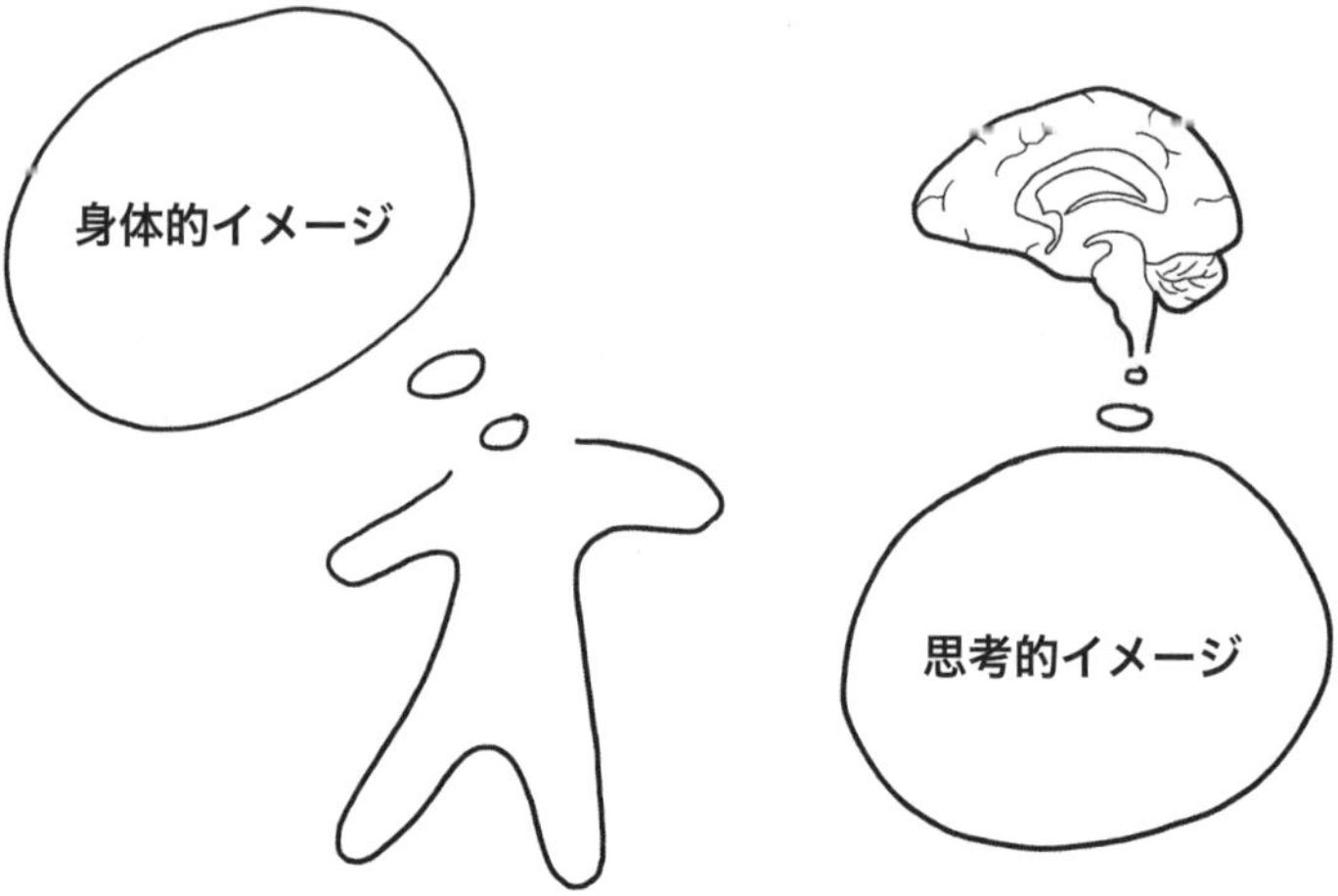

どっちのイメージ???

結局は高い表現力になってきます。ですから、私は表現の世界の人間であるにもかかわらず、武術、スポーツ、ボディワークなどの研究をしてきているんですね。

そして、そこで培った具体的な身体の使い方の中で、表現の世界ではないスポーツや音楽、武術、一般の方にお役に立ちそうなものを、私なりの言葉や方法にして、紹介させていただいているわけです。

その際、**解剖学的なお話に留めてしまうと、頭でわかっても身体ではわからなく**なりやすいものですから、「張力」「すきま」「エネルギー」といった、具体的？抽象的？な言葉でお伝えしているのです。前半の「濃淡」「空間」「重さ」といったものも同じですね。

もちろんこれらの言葉も、ある意味イメージですから、そのイメージが思考となってしまう可能性は、十分あります。ただ、表現的なイメージは、あくまで個人の想像力・創造力に大きく関わるもので、何が生まれるかは本人ですらわからない類いのものです。

それに対して、「張力」「空間」などのイメージは、実際の力の伝わり具合や、発声の感覚などで、どなたも共通に実感し得るものです。そういった意味では、**これらの言葉は、体感しないうちは抽象的であり、体感をすると具体的な言葉となる**のです。

いずれにしても、**イメージとは身体（感覚）を伴うもので、そうでないイメージは、思考です。イメージは身体を動かしてくれますが、思考は身体を固まらせます。**

思考は頭の中で留まっているものですから、場合によっては、ますます動けなくなります。

イメージは外に開いている行為で、**思考は自分の世界に閉じていく**行為ともいえます。

本当のイメージであれば、それは動きに直結し、非常に有用です。指導者も教わる側も、イメージだと思っている思考、似非《えせ》イメージに注意を払いつつ、上手に使えたらと思います。

第6章 感情と身体と思考

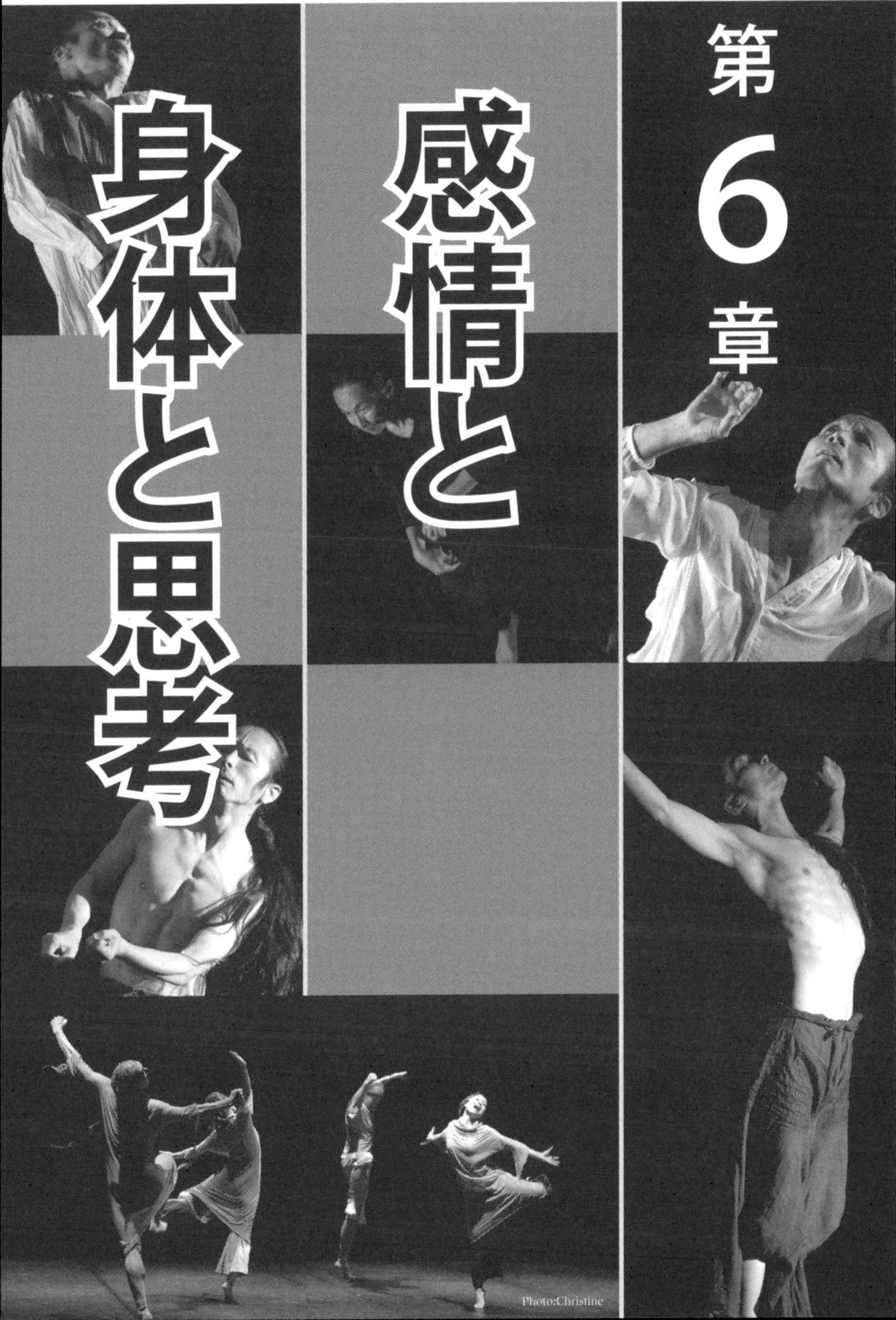

Photo:Christine

感情は心のエネルギー

イメージの扱いと似たような厄介さをはらむものが、感情ではないでしょうか？　イメージは、トレーニング時に大きな役割を果たしてくれますが、**感情**は本番で非常に重要になります。日常生活では、毎日重要かもしれませんね。

ところが、感情という目に見えず触れ得ずといったものは、**どうしても精神論的なお話になってしまい**ます。やはりイメージと同じ。ここからは、感情と身体の関係のお話です。

一般的には感情のお話となりますと、コントロールが必要ということになると思います。しかし、**コントロールと抑圧は全く違うこと**ですから、注意が必要です。

感情は心のエネルギーなんですね。身体的なお話の中で、エネルギーは流れてこそであり、止まってしまうのは死を意味すると言いました。内面的なもの、心のエネルギーは感情です。感情のエネルギーが身体を通るとき、身体に変化が起き、エネルギーが大きければ大きいほど、その変化も大きくなります。

生きるということは変化し続けるということですから、その変化が大きいということは、生

感情は心のエネルギー

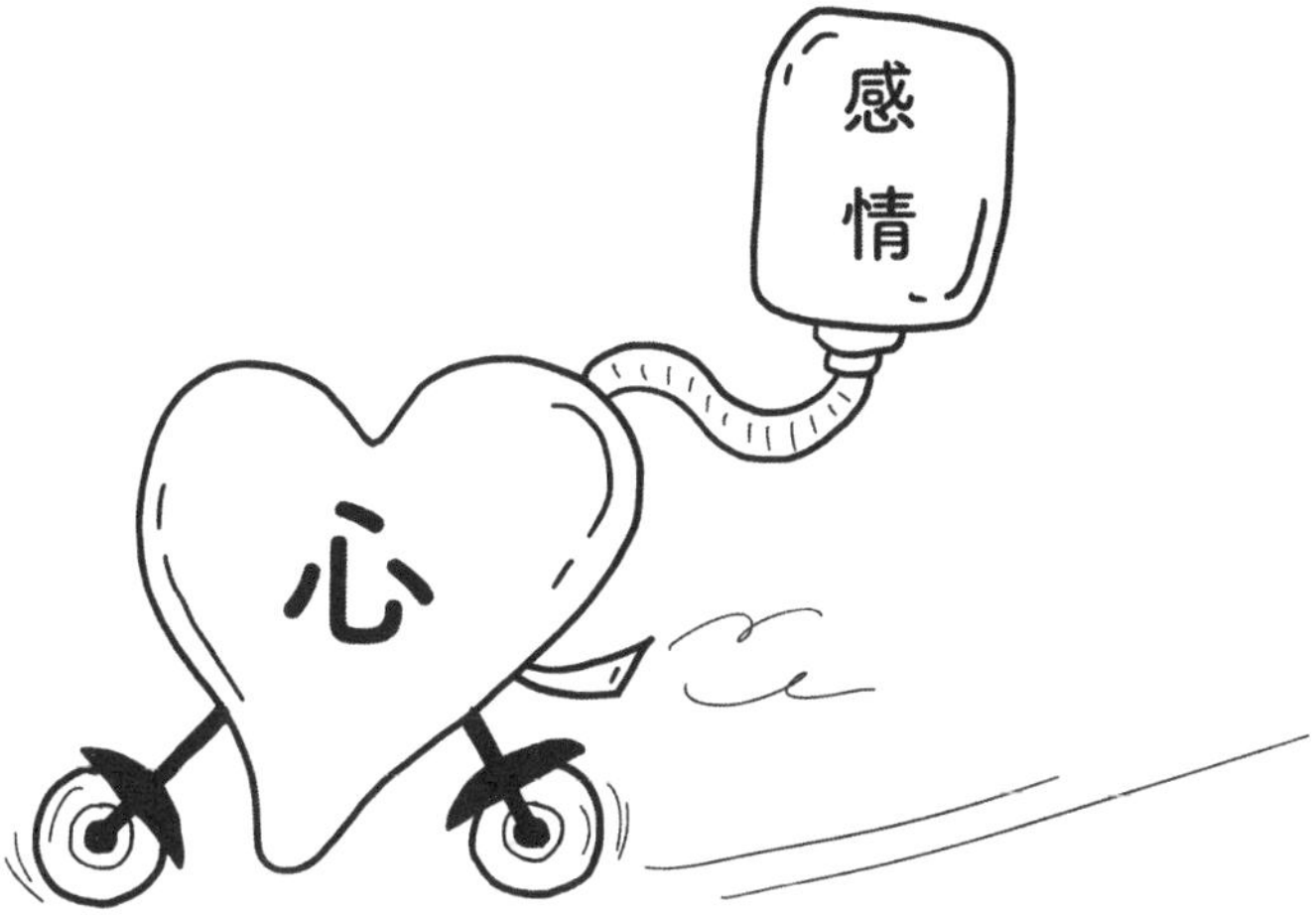

きるということを、より強く感じることになります。**感情とは心にとって燃料**なんです。感情が貧弱であれば、心にとっての死に近いということでもあります。

ですから、私たちは怒りでも悲しみでも何らかの感情が生まれると、その**感情にしがみついてしまう**のだと思います。**生きていることを強く感じたいがゆえに、**その生命力となる心の燃料を手放したくないのでしょうね。美味しいものはたくさん食べたくなるのと同じ。

けれどそれは、身体が要求してい

る分を超えて、脳が欲しているだけです。感情に思考エネルギーを注ぎ込んで、感情を長続きさせたり、より色濃くしたりとしてしまう。感情とは心にとって燃料であるがゆえに、**エゴと切り離すことが難しい**。

そして、食べ物の好き嫌いがあるように、感情に対しても積極的に味わいたいものと遠ざけたいものがあります。偏食が身体のバランスを崩すように、感情の偏りが強すぎれば、それはそれで心のバランスを崩してしまいます。

激しい感情を好む人がいます。側から見ると、感情の波に飲み込まれてしまって危険だと感じるのですが、本人にとっては（無意識レベルで）それくらいに激しい感情を味わわないと、生きている実感が湧かないのだと思われます。

逆に、強く感情を抑制している人がいます。それは、自分の感情に恐れを抱いているのかもしれませんし、感情を出すことで人間関係が悪くなることを危惧しているのかもしれません。

ところが、このように感情を抑圧していると、**表面に出さない分だけ内側でその圧力が高まり、**別の形（歪んだ言動や体の不調・ケガや事故など）で噴出します。あるいは、まるで**本当にある種の感情が消えてしまうような感じ、心が死んだように**なります。

このように感情が心にとっての燃料とはいえ、本来、感情は身体的なものであり、それほど長い時間保てるものではありません。美味しいものといえど、口の中で味覚が働く範囲でしか美味しいとは感じないのと似ているかもしれません。

ところが、**美味しいものはお腹一杯になっても、もっと食べたいと脳が思ってしまうように、感情ももっと味わいたい**ものです。そのため、感情が自分の身体に生じた理由を探し出し、感情を正当化することで、少しでも長続きさせたくなるのです。もちろん、無意識に、です（意識のほうでは、感情とはイコール自分の気持ちですから、わざわざ、感情が自分の身体に生じた理由を探し出し、感情を正当化し、長続きさせようだなんて思っていません）。

心の燃料としての感情エネルギー自体には本来、良し悪しはありません。社会的な意味でのポジティブな感情、ネガティブな感情というのは関係ありませんから、長く味わうために、その感情が生じた理由を思考によって作り出すわけです。思考エネルギーを送り続けるのです。

だからでしょう、一般的に喜びはそれほど長続きせず、怒りや悲しみのほうが後を引きます。喜びよりも、怒りや悲しみといった、いわゆるネガティブな感情のほうが、その思考エネルギーを送り続けやすい。どなたも心当たりがあるのではないでしょうか？　ポジティブなものは、本来の身体感覚が主であり、思考エネルギーが働きすぎると嘘を感じやすいのだと思われます。

いずれにしても、大事なことは、自分の中にある様々な感情を許容することです。許容されていない感情によって、余計なトラブルが生じるのです。

そして、感情の**コントロールとは許容が前提**です。自分の感情を内面的に許容した上で、表に出る言動・行為をどうするかです。

感情自体の否定は、自分の心の否定、命の否定です。抑圧とは否定です。**感情の抑圧は自分自身の否定**です。自分自身を否定しているから、余計なトラブルが起きるとも言えるわけです。コントロールという感情後の言動・行為といったものを、社会的生き物としてどうするかと抑圧とは、別のこと。切り離して考える必要があるのです。

感情を許容する

では、感情を許容するとはどういうことかというと、一つは、ネガティブもポジティブも関係なく、**あらゆる種類の感情を自分の中に見つけ**ていくこと。もう一つは、**感情を俯瞰**することです。この辺りは、表現にまつわる感情のお話から探っていきたいと思います。

「ムーブメント」と「身体変化」は異なる

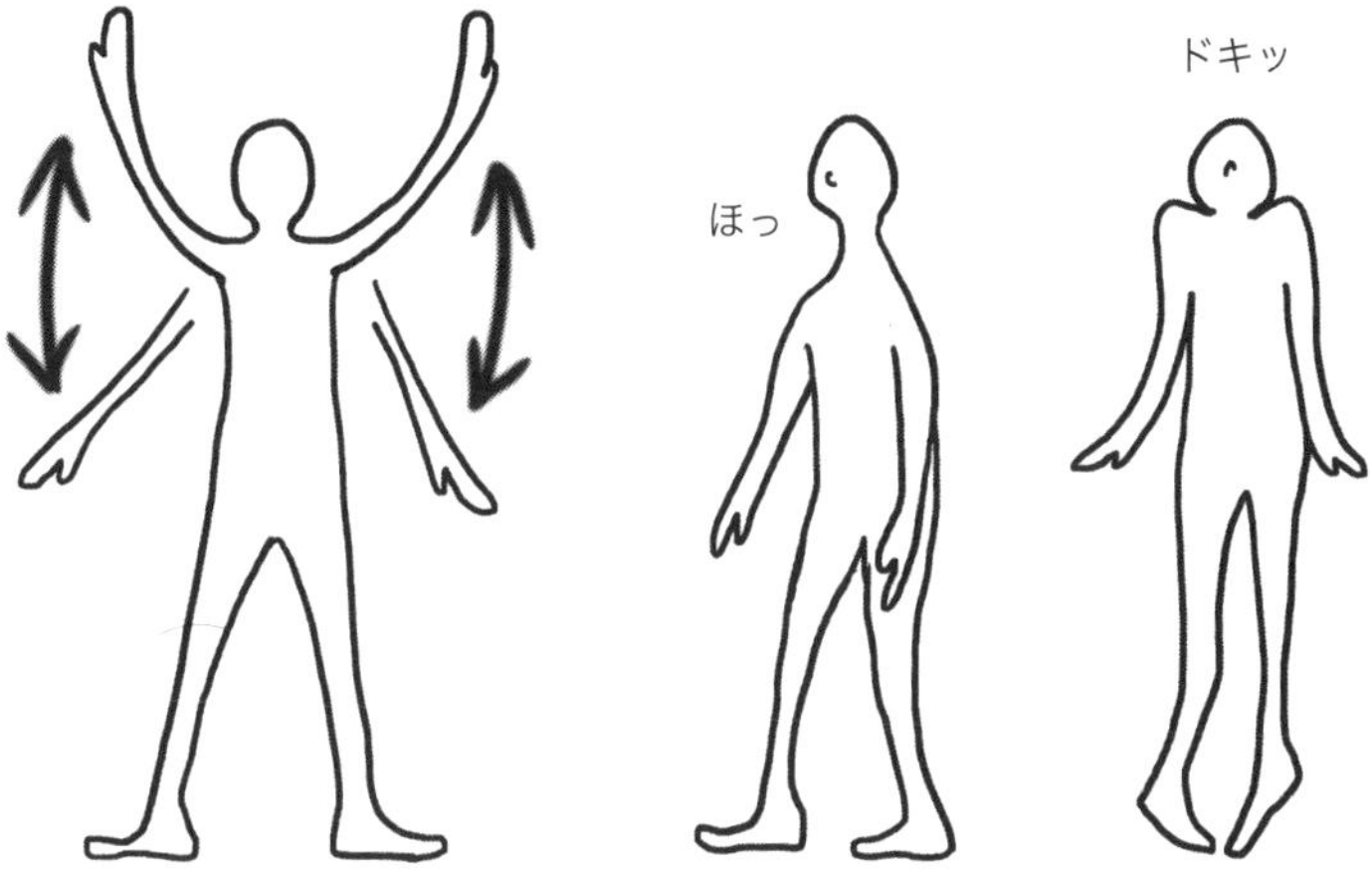

ムーブメント
＝身体ポジションの変化

身体変化
＝身体の質感・雰囲気の変化

感情は心のことだと思われているので、身体が置き去りにされてしまいがちですが、**身体に変化のないものは感情ではなく思考**です。思考的感情と本当の感情をごちゃごちゃにしてしまわないことは大事です。

ちなみに、心臓がドキドキする、顔が赤くなるといったものも身体の変化ですね。むしろ、**ムーブメント（単に腕を上げるなどの物体としての身体運動）は身体の変化ではありません。**ムーブメントは身体ポジションの変化です。

さて、普通の人が人前で演技・感情表現をしようとしても難しいのは、この身体の変化を起こせないからです。「ふり」（＝似非イメージでの演技）はできても、本当の感情は起きてこないんですね。実は表現者も同じです。

そこで、過去の似たようなシーンを思い出したり、イメージを高めたりするわけです。けれど、この方法ではうまくいかない人も多い。それはイメージがそもそも思考であるせいであったり、思い出せる有効な過去を持っていなかったり、思い出せたとしても、微妙にニュアンスが異なっていたり。あるいは、本当の感情が起きているという妄想の中にいたりするわけです。

そこで私は**「エモーショナル・ボディワーク」**というものを開発したのですが、これは感情表現をするにあたり、**一般的には心（イメージや過去の思い出）から感情を生み出そう**とするのに対して、**身体から感情を生み出そう**というものです。

身体から感情？　どういうこと？　と思われるでしょうが、その詳細はこの後明らかにしていきます。このワーク・方法で誰もが経験するものに、**「思考」**にあたる**「脳の自分」**と**「感情」**

「エモーショナル・ボディワーク」

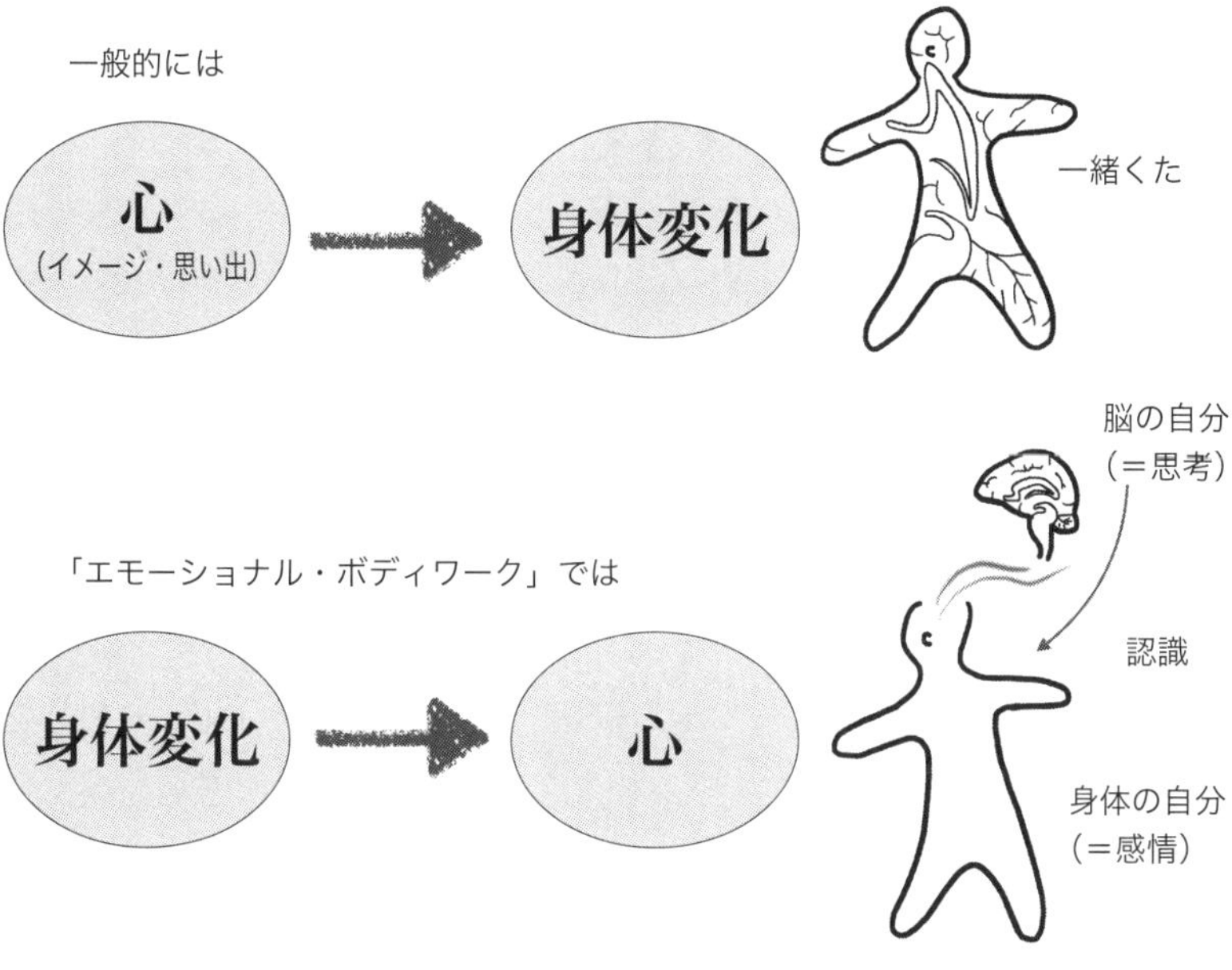

にあたる「身体の自分」という、二人の自分をはっきりと感じるといったことがあるんです。感情の俯瞰が当たり前に起きるというわけです。

また、この方法をとると、**自分では思ってもみなかった感情が湧いて出てくる**んです。そして「私にもこんな感情あるんだ!?」と驚いたりします。面白いですよね。あらゆる種類の感情を、自分の中に見つけていくことになるわけです。許容の始まりです。

思ってもみなかった動きがで

きるようになったほうがいいということと、通じますね。身体動作でも感情表現でも、思っている範囲に留まりながらの思い通りにというのでは、どうしても世界が小さくなってしまいます。ですから、心の奥底で「こんなものではない！」という思いが消えずに残るものです。

身体も心も、思ってもみなかった自分、姿を隠していた自分自身に出会えるといいですね。

感情とは心？　身体？

「エモーショナル・ボディワーク」、気になると思います。このワークでは**具体的な対象や過去の実際の記憶と切り離して、**感情そのものだけを生み出す。感情を客観的に体験する。それも、経験したことのない感情までも。というものです。一体、どういうこと？と思われますよね。体験した方の声を紹介しましょう。

「悲しいという感情を作った。感情を出そうと思って出したわけではないし、自分が悲しくなるようなことを想像して悲しい気持ちになったわけではないので、感情があっけなく出せてしまったことに、こんなのでいいのかと思った。そのときの感情は、中身がなく（○○が悲しい、の○○の部分がない）、ただただ悲しい気持ちだったので、悲しみながら、楽しかった」

何だか不思議な感想ですよね。これは本当に感情なの？と思われるでしょうか？

こんな声も聞かれます。

「自分自身の感情として捉えやすい」
「同じことを何度やっても、新鮮に感じられる」
「（どんな種類の感情でも）いつも何かに感動している気持ちになる」

これを、一般的な方法、過去の経験を思い出す、ストーリーに入り込む、などでの感情表現の感覚と比べると、違いがはっきりします。

「わざとらしさや、誇張、思い込みになりやすい」
「嘘を感じてしまう」
「同じことを何度もやると、慣れが出てきやすい」

「自分の思い描く役（感情）を超えられない」
「その気持ちに入り込まなければ、という頭でっかちの進め方になって、結果、身体が置き去りになったような動きになる」
「生み出される内面状態が、考えて作られていたり、過去を思い出しているので、何かが足りなかったり、間違っている部分があるように感じる」

いかがですか？　普通、私たちにとって感情というものは、自然に生まれるものであって、故意に生み出せるものではありませんね。何もないところで、怒って、悲しんでといわれて、真似ごとはできても、本当に怒りを感じたり悲しみを感じるのは、難しいものです。けれど、それが全くできないことかというと、そうではない。私は、身体表現者として舞台に立ち、また指導もしていますが、そういったこと、つまり**故意に真の感情を生み出すことができなくては、表現が成立しません。**ことに舞台表現の場では、必要なタイミングで何度でも同じように、その場で新しく生まれた感情として、生み出す必要があります。

日常では、常にその場で新しく生まれた感情ですが、必要なタイミングで何度でも同じようにというのは、あり得ない感情のあり方です。しかも、日常では経験し得ないような類いの感

同じ感情表現といえども…

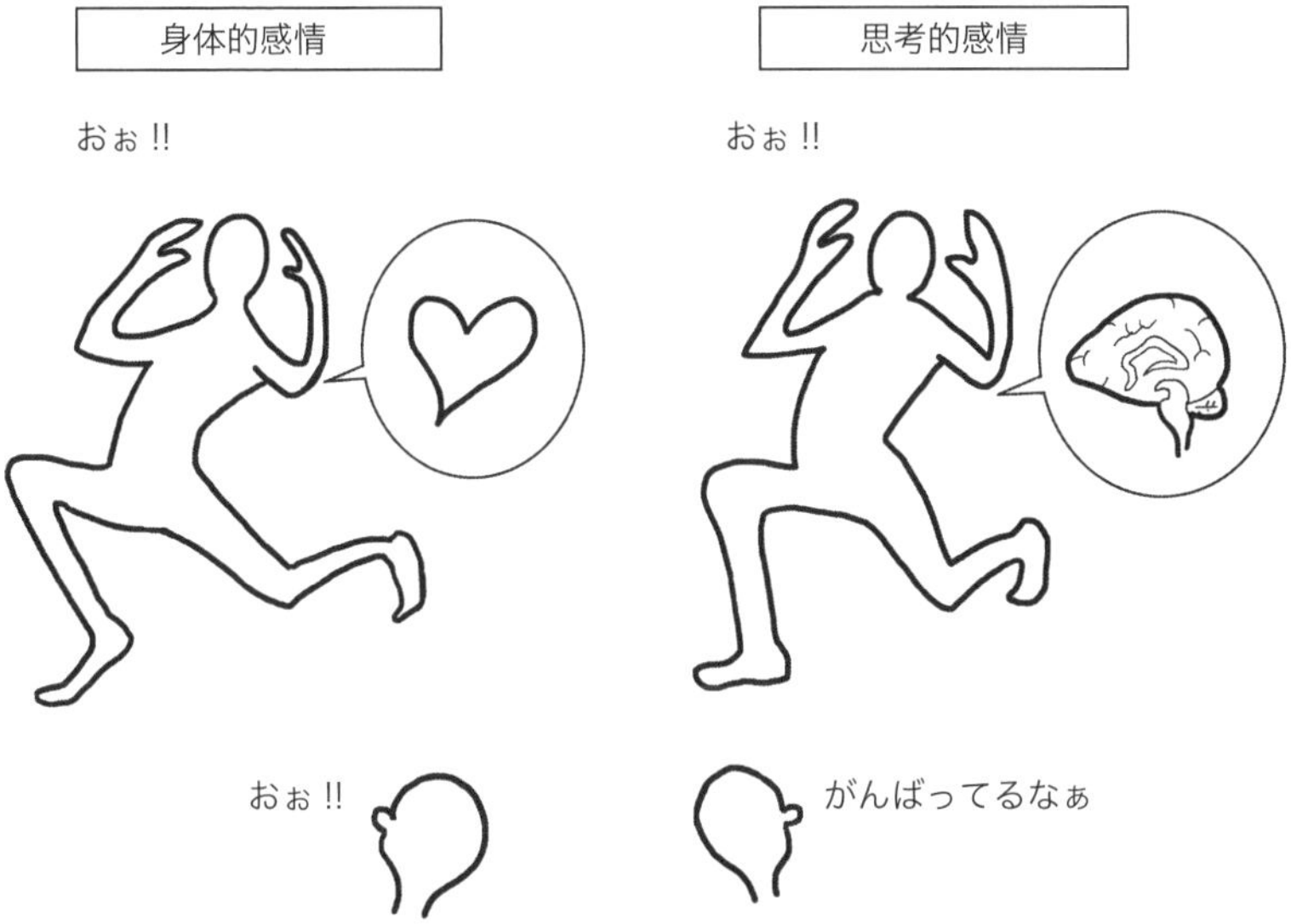

情を、これまた非日常的な大きなエネルギー量や深さで表現しなければなりません。でありながら、観客の共感を得るためには、そこに嘘があってはいけないわけです。

では、嘘かどうか、その場で新しく生まれた感情かどうかは、どうやってわかるのでしょうか？　それは、イメージのお話と同じで、**思考的か？身体的か？**なんですね。

つまり、どこか嘘っぽいなと感じさせる表現は、実のところ、思考を無理矢理に感情のように表現しているからなんです。その嘘を、観る人はどこかでわかってしまうのです。身体で感じ取ってしまうんです。

私たちは日々、様々な感情を体験し、その記憶は自分の身に刻まれています。身体に何の変化も生み出さない感情はありません。身体と切り離された感情は存在しません。

そのことを、私たちは誰もが無意識で、つまり身体で知っているために、身体に変化の起きていない感情表現に嘘を感じるのです。身体の変化と切り離された動作（ムーブメントや顔の表情）による感情表現に、嘘臭さを感じるのです。

といったように、演じるにしても、観るにしても、感情と身体は決して切り離せないものです。感情のコントロールも、**心だけで何とかしようというのではなく、身体のコントロールと切り離さない**ほうが、自然のあり方に沿っているんです。

感情は個人のものではない

さて、嘘のない感情表現、それを真の感情として観客が受け取れるというのは、演者と観客**お互いの身体の共鳴**が起きているということです。身体感覚が、他人へと伝搬するわけですが、ミラーニューロンの働きが大きいのだと思われます。

目に見える動作ではなく、いわゆる雰囲気までも写し取られる。**身体感覚の同調**とも言えますね。あくびが伝染するのも、こういうことではないかと思います。

ですから、身体感覚を置き去りにした思考的感情では、共鳴が起きない。というかむしろ、感情を伴っていない身体の状態が伝搬し同調するので、嘘だとわかるわけですね。


「悲しいから泣くのではなく、泣くから悲しいのだ」と聞いたことがあるかもしれません。

感情にまつわるジェームズ＝ランゲ説です。信じる信じない、学問的に正しい間違っているは別として、常識的には悲しいから泣くのだと多くの人が思いつつも、その逆が成り立ち得ると、これまた多くの人が思えるからこそ、この説が意外性をもって受け入れられているのでしょう。

私は感情という心の働きが、身体抜きに抽象的に存在するのではなく、**身体に影響を及ぼす感情エネルギーが、まず先にある**のだと考えます。感情というものが、私たち人間としての**個人の中にあるのではなく、私たちの外側、私たちのあずかり知れぬところにあり**、その感情エネルギーが身体に変化を起こしたとき、それを喜びや悲しみとして、私たちの脳が認識する。

ですから、変な言い方ですが、「まず先にある」「外にある」といっても、あくまで、私たち

感情は外からやってくる!?

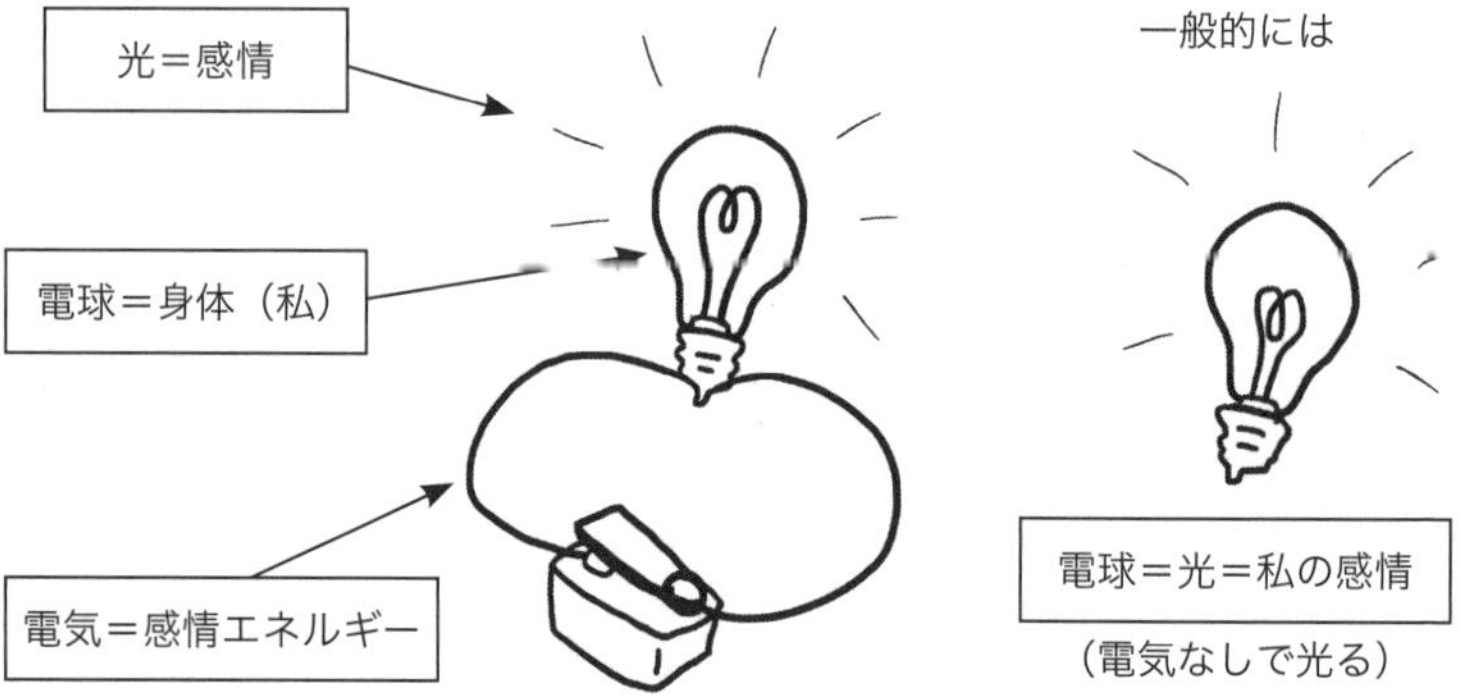

の身体を通ったとき、初めて存在が確認される。外を見回しても見つかりません（笑）。

それは、**電球の光が、スイッチを入れて初めて生まれることと、流れる電気との関係のようなものかもしれません。**電気自体が光るわけではないように、私の身体自体が感情を持っているわけではない。電球に電気が流れて光るように、身体に感情エネルギーが流れて感情が現れる。

電球自体も光の媒介でしかない。身体は感情の媒介。そのような感じです（媒介という言葉の使い方が合っているかどうか怪しいのですが、言わんとするところが伝われば…）。

このように、感情とは自分の外にあるエネルギーでありながらも、個人の身体を通して初めて存在することになるものです。だから、一見、自分の個人的な感情のように感じてしまう。

一方で同時に、他人の感情も、**元は個人の外にある普遍的なものであるからこそ**、全くの他人事ではなく、共鳴し得るものになる。

このような考え方は、実感がないと、よくわからないかもしれません。表現活動をされている方なら、むしろ受け入れられない方もいると思います。もう少し、お話を進めてみましょう。

汚れた感情、純粋な感情

この方法で作り出す感情体験では、感情をありありと感じる一方、それを冷静に見ている、もう一人の自分がいます。それは次のような感想にも表れています。

「（現実的な）感情に引きずられることがないので、本当に気持ちがラク」

「瞑想状態、瞑想後に近い感覚」

能の世阿弥の言葉に**「離見の見」**という、演じている自分の姿を、もう一人の自分が外から

日常の感情は汚れている？

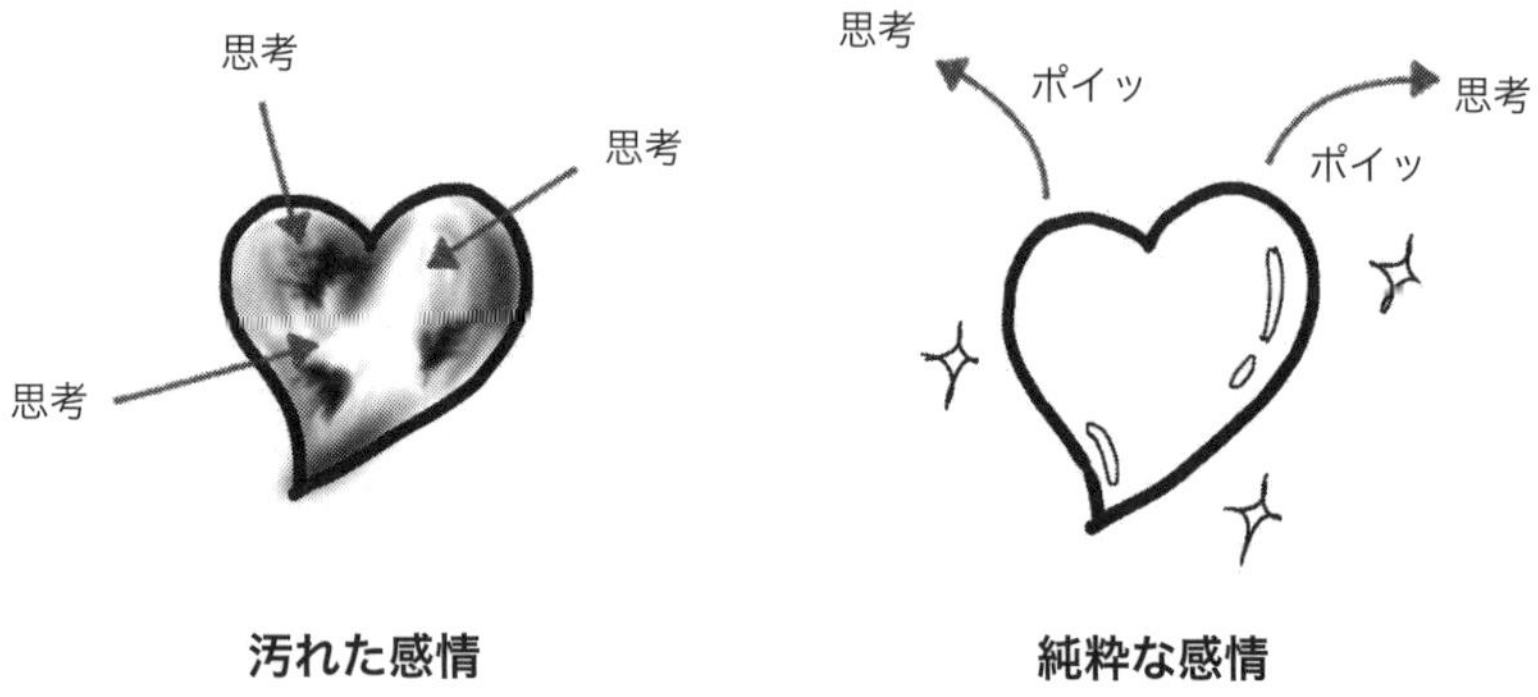

客観的に見ることの重要性を説いた言葉があります。その感情版といったところです。

私はこの、感情を外から見ているもう一人の自分を**「脳の自分」**と呼び、感情を生み出している自分を**「身体の自分」**と呼んでいます。**脳の自分とは「エゴ」**と置き換えてもいいかもしれません。

一般的には、この二人の自分の境が曖昧なんですね。そのために感情に飲み込まれやすくなっているのです。一度起きた感情から離れることは、容易ではありませんよね？　誰でも飲み込まれている状態なんです。

それは、**湧き上がった感情を自分自身のものだと、脳の自分が正当化しようとして、**本来であれば身体的反応であった感情に**思考エネルギー**を注ぎ込み続けてしまうのです。私はこのような感情を、**汚れた感情**という言い方もできると思っています。

これに対して、感情表出の背景・理由のないエモーショナル・ボディワークでの感情体験は、**純粋な感情体験**といえるのではないかと思います。そこでの感情は、ただただ身体的な感情ですから、脳の自分は感情から離れられる、というか、元々離れているんですね。

非日常の場だからこそ容易に取り組めるわけですが、自分の感情の状態を見つめやすくなります。このような経験をしておくと、「自身の感情に対して客観的に向き合うことができるようになった」という感想も聞こえてくるように、日常の場で実際にその種の感情が湧き起こった際、「あのときの感覚だ！」と気がつきやすいんですね。

大竹しのぶの才能を意識的に

この「泣くから悲しいのだ」に基づいた感情表現方法は、演劇でもダンスでも表現力が高い、天才といわれるような演者は、自然に行っていると考えられます。以前、**女優の大竹しのぶ**を追いかけたドキュメンタリーの中で、舞台本番直前にもかかわらず、全く普段通りにはしゃいでいる大竹しのぶに、**「役に入るための集中とかしないんですか？」**と聞くんですけど、何て

なぜ大女優は本番直前でもはしゃいでいられるのか？

役に入るための集中は？
キャッ
キャッ
大丈夫なのよぉ
カラダが変わるからぁ

答えたと思いますか？

「身体が変わるから大丈夫なんです」

まさに！ですね。けれど、それこそセンス、生まれ持った才能として片付けられてしまうものですよね。

その、**才能で片付けられてしまうものを意識的に訓練できるように**考案したものが「エモーショナル・ボディワーク」です。けれど、このワークを行っても、怒りの身体になれない、喜びの身体になれないといったことがあります。

○○の感情を持つことは悪いことだと**自分自身に禁止をしていると、**特定の理由なしに、純粋なエネルギーとしての感情を生み出すだけのワークの場でも、ブレーキをかけてしまうんですね。

日常の場で、その感情を出すかどうかは別問題であり、ワークではどんな感情が生まれようとも、その感情を持ったのが自分であると、受け入れられるかどうかなんです。その受け入れる覚悟がないと、特定の感情に対して、拒絶感を抱くことになります。

同じような意味合いで、ある特定の感情を生み出しづらいというのではなく、どの感情もうまくいかない人がいます。多くは、**日常的にも感情をなくしたような人**です。頭ばかりが働き、自分を投げ出せないのです。場合によっては、**普段から嘘の感情で過ごしている**ことも考えられます。

また、このワークで感情表出をしているにもかかわらず、なぜか「脳の自分」が弱く冷静さを失ってしまうようだと、それは**抑圧していた感情が噴出**しているのです。この類いの感情表現を舞台でしてしまうと、非常に見苦しく、痛々しいものになってしまいます。

話はそれますが、だからこそ表現者は、自分のあらゆる感情を許容できている必要があるわけです。それは言葉を変えると、**自分という存在に対する許容**です。解放されているかどうか？ということです。

エモーショナル・ボディワークの生まれた背景

ところで、このようなワークがなぜ生み出されたのか？　それは、私の行っているアートマイムという表現が要求してくるものに関係しています。

アートマイムでは、**演者が普遍的な存在として舞台上に立つ**必要があるんです。普遍的な存在というのは、誰でもないがゆえに誰でもある存在です。個を持たない、「ただ人間」と考えてもいいかもしれません。

エゴを持つ前の人間として存在することによって、観客は演者を見るのではなく、自身をそっくりそのまま見るようになる。そうなるようにしているんです。

別の言い方をすると、アートマイムでは、舞台上の演者が「消える存在」である必要があります。だからこそ、**観客は自分自身をそっくりそのまま見る**ようになるわけです。

その「消える存在」となるために、演者は一旦、人形のような存在になっている必要があります。人形の真似ということではありません。

命ある人間にとって当たり前である、動くということはもちろん、息をするということさえ、自明のことにしないのです。意識があるということも、感情があるということも。さらに、自分以外に何かが存在することさえ自明のこととしないのです。

言いようによっては、**宇宙が生まれる前の状態、音のない状態。**そこを起点として、全てを生み出していくわけです。

となると、この人形のような存在が人間であるように振る舞うには、**血肉が通うとはどういうことか？　命があるとはどういうことか？　意識があるとはどういうことか？**を演者は、はっきりと自覚して動く必要があるということですね。

感情表現においても、「気分」といった抽象的なもので考えていては表現が成立しないため、身体と感情の関係性に自覚的である必要があるのです。

アートマイムとは…

誰でもないがゆえに誰でもある。
普遍的存在であることが求められる。

それは、観客の目からは、**観客自身と同じ「私」を持った人間であると感じてもらいつつ、その奥のところで「私」のない人間であることが求められる**ということです。

普通のようでいて、普通ではなく、普通ではないようでいて、普通以上といった感じでしょうか？

ですから、普通の動作も、普通に見えるようにするために、普通ではなく動く必要があり、だからこそ、普通の動きが普通に見えるのに普通ではなく感じる、つまり決して真似できない動きになるのです。何だか、わけがわからないですね（笑）。

とまぁ、こんな感じで、アートマイムとはあくまで人間という存在を生み出すことが、重要なわけです。ですから、感情表現も「私」の感情として表現するのではなく、感情自体、感情そのものになっている必要があるんですね。

感情そのものになるとは、わかりづらいと思いますが、具体的には、**自分のより深いところの感情にアクセス**することになります。

観る人に浸透する

私自身もそうでしたが、一般的に舞台上での感情表現に恥ずかしさや抵抗を覚えるのは、自分の感情を出そうとするからなんですね。

自分の頭で考えている感情ですね。それは汚れた感情、日常の自分が色濃く残った思考的感情。恥ずかしさを覚えるのは、ごく普通のことだと思います。

これは身体的な面でいうと、**筋力頼りの感情表現**になってしまっている、つまり力みがあります。そのために、**エネルギーが自分の内に向かい、観る人には浸透しない**のです。気持ちはわかるけれど、伝わらない表現であり、よく言えば熱演です。

このような熱演も、続けていると、当初の恥ずかしさなどの感覚が麻痺してきて、それが本当の感情のように思えてきてしまうんですね。**いわゆる身体の使い方と同じで、力んでいるがゆえなのですが、自分自身に手応えを感じてしまうのが厄介**なんです。結果、自己満足的な表現になってってしまうわけです。

舞台などで演じるに当たって真に必要なのは、その役柄としての思考エネルギーを注ぎ込ん

熱演？

だ感情なんですね。身体的な感情自体は、日常の自分でも、役柄の人物でも、観客でも、誰でも同じものです。だから、その誰のものでもない万人に共通の身体的な純粋な感情に、役柄の人物の思考エネルギーで色をつけるのです。日常の自分の思考エネルギーを注ぐことではないのです。

これがうまくいかないと、**役柄としての感情表現なのか、その人自身の感情なのかが曖昧になってしまう**のです。

このような中で生まれたのが、エモーショナル・ボディワークです。では、観客からの目線では実際のところ、このエモーショナル・ボディワークによって作り出された感情表現が、どう見えているのでしょうか？　本人だけが、思考ではない嘘のない感情だと感じているだけかもしれません。


「演技の間、時間がずっと連なっている感じがする。瞬間瞬間を見るのではなく、永い時間の流れの中でのある瞬間を見ている、というような感じだろうか。また、特に強い感情（泣き叫ぶとか大笑いするとか）をしているわけではないのに、見ているこちらの心にずしりと入ってくるような感じがする。表現の密度が濃い」

「その人、ではなくて『人間』『生命』単位で見ているような感じがする」

「大袈裟（?）にしているようだか、暑苦しくない」

「他人事の感情ではないように感じる。自分のことのようにも感じる。自分に移ってくるような感じがする」


このように、エモーショナル・ボディワークによって生み出される感情とは、感情が持つ普遍的な身体感覚を意識的に再現することで、本人のみならず、受け取る側にとっても嘘のない感情となります。

自分の解放

さて、ここまでは、主に舞台などで表現する人とそれを観る人の立場から見た感情にまつわるお話でしたが、ここからは、どなたにも通じる日常に直結したお話をしていこうと思います。
まず、ワーク体験者のこんな感想を。

「頭の中に考えが浮かんできていないことに気がついた。思いっきり泣いた後のような、頭がぼうっとした感じ、けれども運動後のような爽快感があって、久しぶりに頭の中を空にすることができた」

感情エネルギーを大きく出すことは、身体エネルギーを大きく使うことであるため、純粋な運動に近い感覚でもあります。そして、過去や未来などの文脈から離れた感情であるため、余計な考えに邪魔されずに、自分の感情と向き合いやすいんですね。
どこか他人事のような冷めた目で、自分の感情を見ながら、それでも自分の意思でその感情を出していくこと。しかも、**自分の人生の中で、これまで生まれ得なかったような感情までも**

キャラクターを演じるとは？

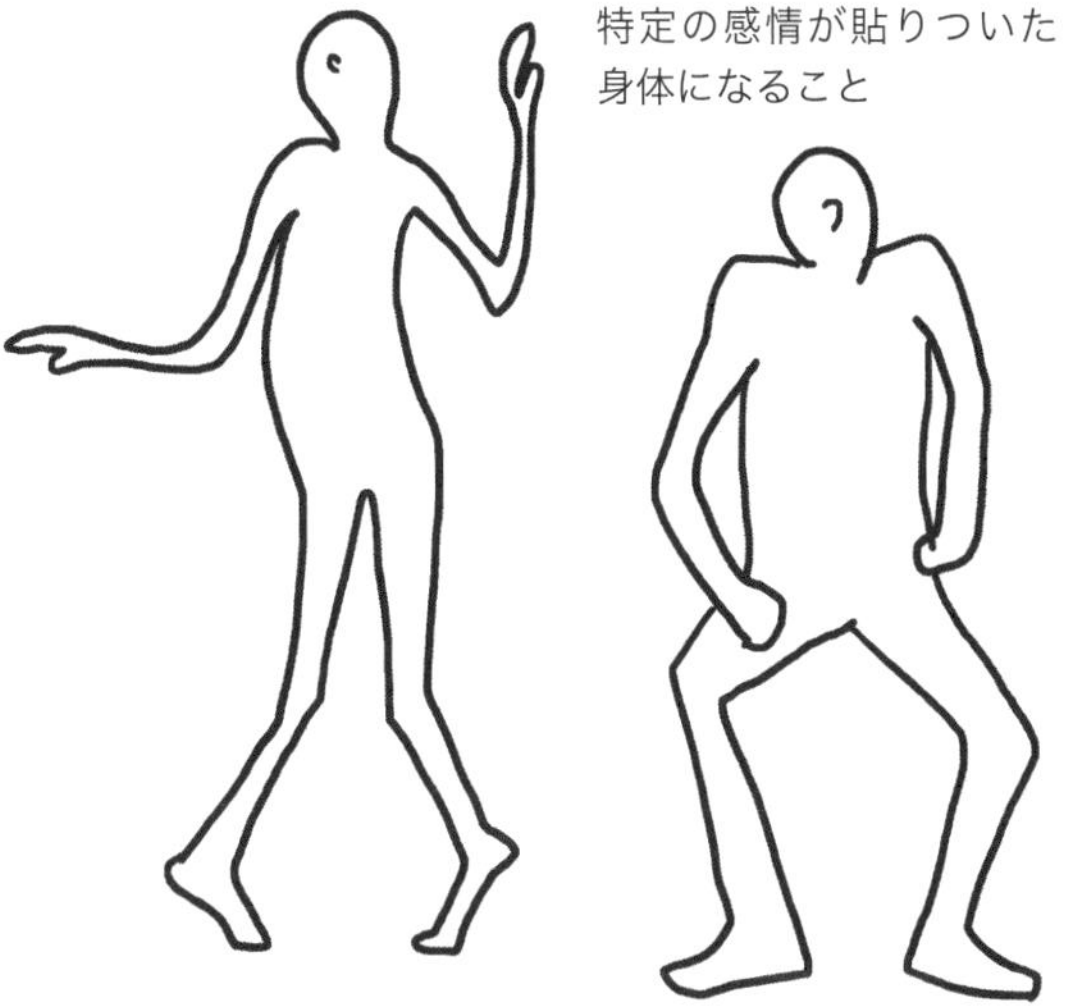

自分の内に見つけることは、自分を解放することとになります。

例えば、私が表現の場でキャラクターを演じるときは、特定の感情が貼り付いた身体になっています。そこからも考えられるように、**私たちの個性的振る舞いとは、自分に対して許している感情と許していない感情があることに起因**していると考えられます。

ですから、どんな感情に対しても身体を明け渡していくことで、自分を解放していけるのです。

また、身体感覚を伴った感情を豊かに内に備えていると、日常の場でも、感情を素直に出しやすくなります。心と身体が一致している子どもは、感情が素直に身体に現れます。

しかし、社会に適応していく中で、感情を抑えることを覚え、心と身体が分離してしまっている大人は、感情を出すことが許される場であっても、身体がブロックをかけてしまう。**身体が感情の出し方を忘れてしまっている。**自分の解放とは、それを取り戻すことです。

このようなワークを継続することで、**自分の感情と身体感覚との結びつきが強くなってくると、他者の感覚に対しても、感じ取る力が大きく**なります。

感情と結びついた身体感覚が繊細かつ容量が大きくなることで、**感受性が豊かになり、同時に振り回されなくなる**のです。そうなっていくとどうなるのか？

「舞台作品を観ながら、（演者の）感情と同調しやすくなった」

「（演者の）身体と感情とセリフが、一体となってないことに敏感になった」

「演者の表現から感じ取る情報が増えた」

「絵画や彫像などを見るとき、自然と自分の身体感覚が働くのを感じる」

「いつも身体を感じようとすることで、心の変化にも気づきやすい」

「身体の状態を変えると感情も変わるのがわかって、日常生活が少し楽になった。すぐに解決できない状況があったとき、とりあえず身体の状態だけでも快適にしようと思える」

「感情がうまくコントロールできていないときでも、自分の体のどこが緊張しているかを観察することによって、そんな自分を客観的に見られるようになった」

「打ち合わせやプレゼンなどで、戦略的に立ち振舞わないといけないときに、以前よりも相手の心に響かせることができるようになった」

「仕事のプレゼンテーションで何百人もの人を前にして話すときに、呼吸や、声の出し方等が役に立つ」

今、ここにいる

このように「エモーショナル・ボディワーク」は、表現者のために生み出された、身体から感情を作り出すという突飛にも思える方法です。しかし、それによって見えてくるものがあったのではないでしょうか？

子どものように、「今ここ」に

「エモーショナル・ボディワーク」で味わう感情は思考（私）がないため、瞑想的であり、子どものようでもある。

このワークは、**日本感情心理学会**の年次大会第24回大会（２０１６年6月18日）で、行う機会をいただいたことがあります。大会後、副会長の方はこんなふうにおっしゃっていました。

「感情というものは、対象や思考のような「何か」によって生じるわけだから、その何かと切り離して感情だけを体験する、ということが理屈では最初よくわからなかった。しかし体験してみて、「なるほど、こういうことか！」と合点が…（中略）…新鮮であるとともにとても原初的な、まるで子ども時代に帰ったような、そんな感覚でした」

感情は非常に個人的なものです。それゆえ、感情を自分から切り離すということは、一見とても難しいように思えます。感情は生きていることを実感させてくれます。個人的な心の燃料であり、**感情こそ自分**といえるかと。

一方、「エモーショナル・ボディワーク」で見てきたように、自分の外にある感情エネルギーが、個人の身体を通して現れている、そもそも**感情とは私個人のものではない**とも考えられるわけです。学問的、科学的な正誤はともあれ、感情が自分のものではない感覚を意識的に経験できることは、感情との向き合い方がこれまでと違ってくると思います。

多くの人が、この体験の後、気持ち良さを感じています。

「本当に全身を使って感情を表現することで、心がスッキリする感覚を感じた。とても学ばせていただくことが多かったのと同時に、子どものように素直に楽しむこともできた」

「身体を感じることで自らの感情を表出させていく体験というのは、想像していたよりも本当に新鮮なものであり、今までにない感覚を身体と心で感じることができた。特に、喜びの舞はとても衝撃的で、やってみてとても楽しく、心が洗われるような感じがした」

冒頭で紹介した声にもあったように、悲しみですら楽しいのです。それは、**「今、ここにいる」**

ことを、自覚的に体験できるからといえます。過去でも未来でもなく、今。「今」と考えるのではなく、身体を感じるから「今」。

「子ども時代に帰ったような」「子どものように」とは、まさにそのことを物語っています。異なるのは、それを意識的に再現できることです。

個の深いところで、全てはつながっている

ところで、私は、こういった考えが先にあって身体表現をしていたわけではありません。アートマイムを学ぶ際も、師匠からそのように伝えられたわけではありません。師匠からは**「フリをするな。ただ自分であれ」**と言われていました。その「ただ自分」というものは、自分のより深いところにアクセスすることなのです。**自分という個人の真に深いところへ行くと、突き抜けて全てとつながっている領域に出る**んですね。

全ての人のそれぞれの深いところは、一つにつながっているということなんですね。

これは何も特別なことではなく、感情のエネルギーというものがそもそも自分の外にあり、

感情エネルギーは自分の外にあるがゆえに、お互い共感し得る

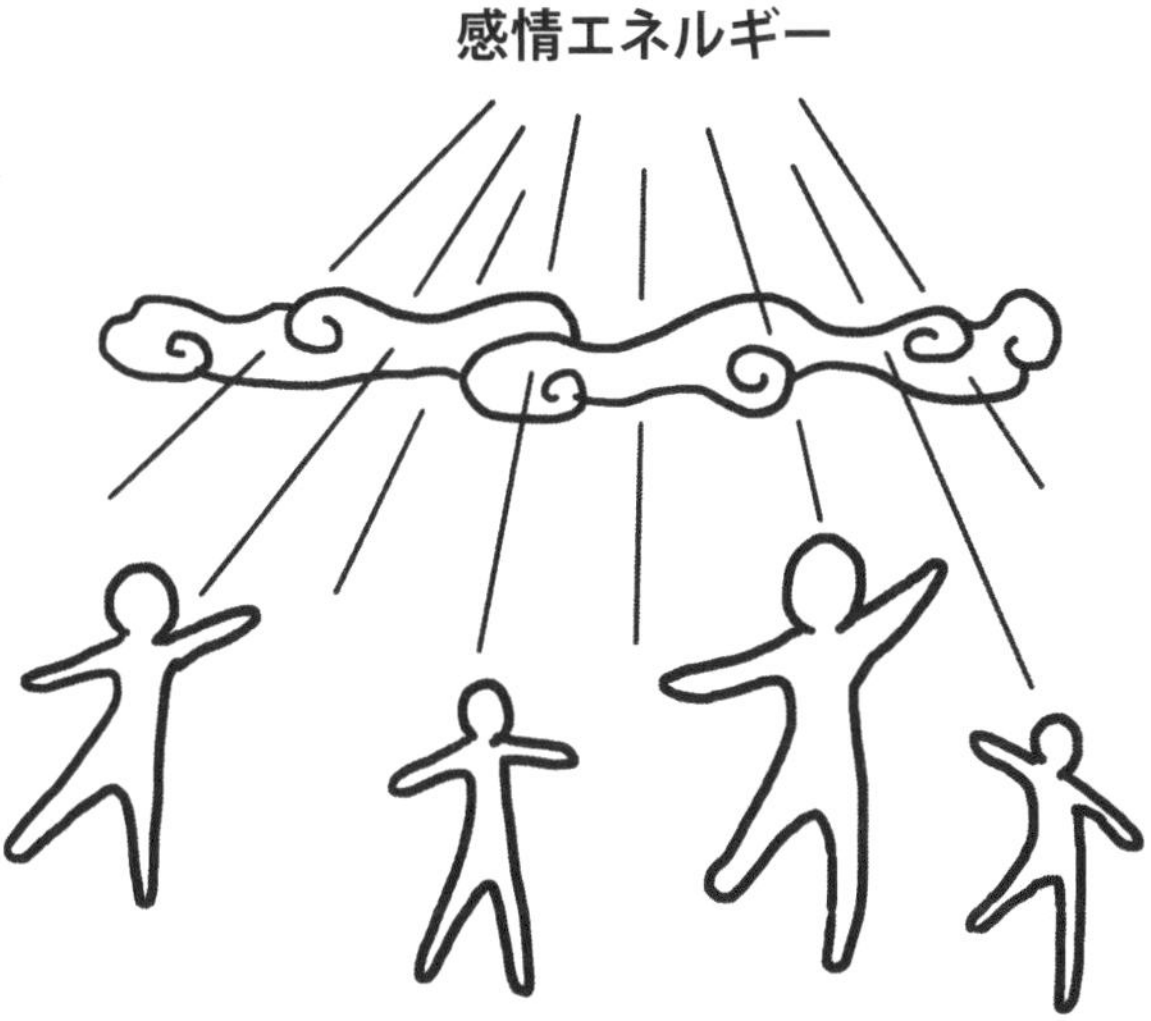

だからこそお互いの感情がわかるわけです。**もし完全に感情が個人のものであれば、お互いの感情は永遠にわかり得ない**はずです。

　こうしたことは、元々、私が感情表現が苦手で、特に人前での演技なんてとんでもない！という人間だったからこそ、わかったことといえます。私自身がアートマイムに、エモーショナル・ボディワークに救われたのです。アートマイム、エモーショナル・ボディワークを通して、自分の感情を許容できる身体になったのです。

「私」とは相対的存在

ところで、私たちは身体なしに生きることは想像ができないと思います。

私たちは、自分の存在にどこか欠落感を覚えています。だからこそ「私」を探し、「私」を確立しようとします。しかし、**「私」とは、絶対的なものとして存在するわけではなく、あくまで相対的な存在です。何かに反応することで、存在しているように感じているだけ**です。

そして、反応とは、取りも直さず変化です。自分の身体の変化です。身体の変化を反応と呼ぶのです。何にも反応しない自分を想像したとき、その自分は生きているといえるでしょうか？

だからこそ、身体なしに生きることは想像できないのではないでしょうか。

そんな中で、感情という身体的変化は、幻のような「私」の存在を信じさせてくれる大きなエネルギーになります。自分が生きていることを確かめるために、感情を刺激してくれる出来事を、いつも探してしまうのですね。感情を燃料として生きているわけです。**感情は、「私」を相対的存在から絶対的存在へと引き上げてくれるように思わせてくれる**のです。

感情が「私」という存在を確かなものにしてくれる？

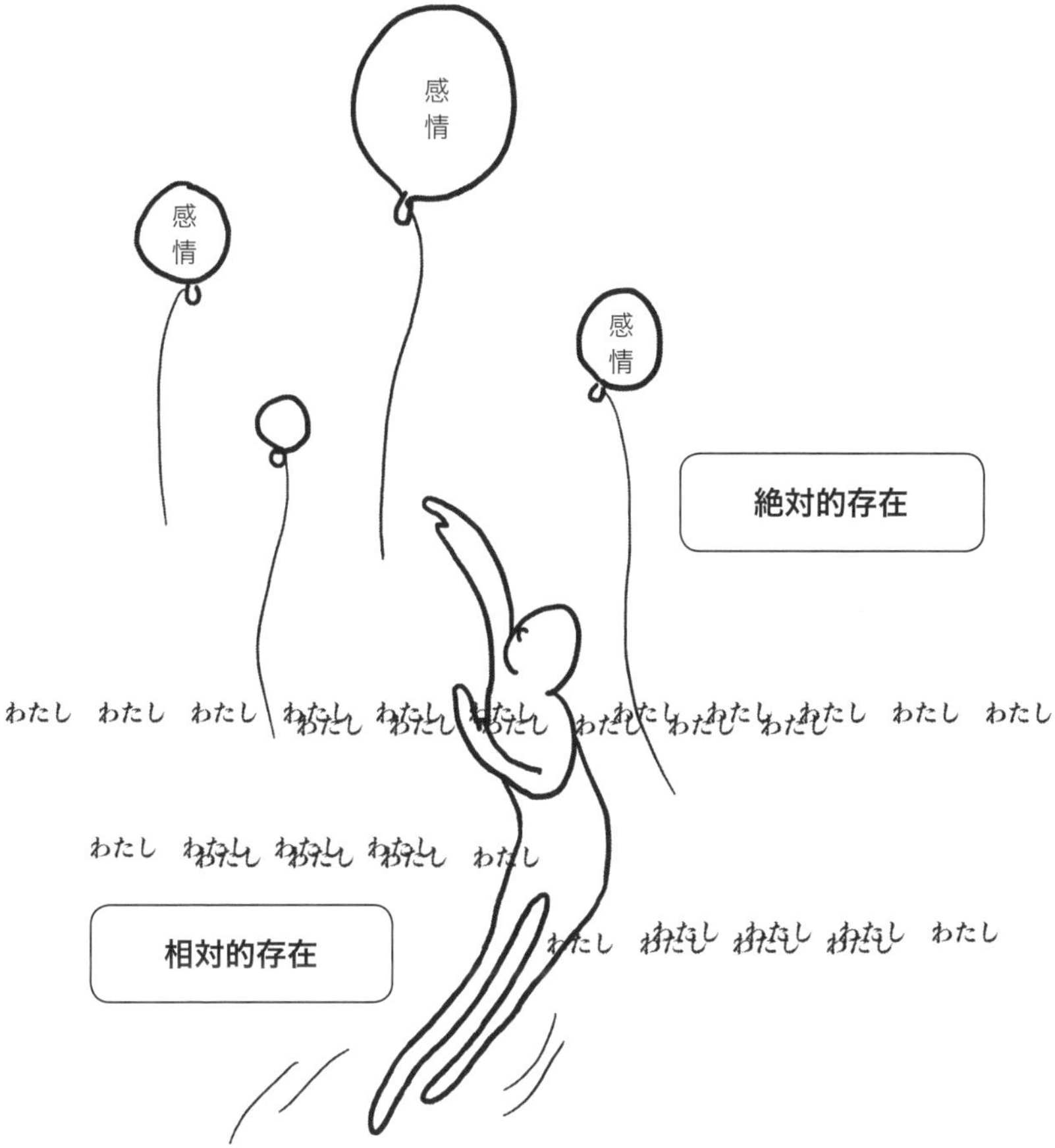

こうした日常を生きている中で、思考エネルギーを送り込まない純粋な感情エネルギー体験は、「私」とは無関係な、**「私」を超えた体験**になります。だから「瞑想に近い感覚」となるのは当たり前ともいえます。

「私」のないところでは、全ては初めての体験になります。「何度やっても新鮮」であり、どんな種類の感情であろうと「感動している気持ち」になるのも、当然ですね。

であれば、その感情表現を観ていると「その人（日常の個人）ではなくて人間、**生命の単位で**見ているような感じ」になるのも、自然なことといえますよね。

アートマイムの演者が、観客の目からは自分たちと同じ「私」を持った人間であると感じてもらいつつ、その奥のところで「私」のない人間であることが伝わっているということです。

演者も元は観客であり、観客も演者になり得るわけですから、**誰もがこのように存在している**と思うのです。

自分でも知らなかった自分の感情を見つける

さて、最初に、エモーショナル・ボディワークでは経験したことのない感情までも生み出せるとお話ししました。思考エネルギーと無関係な純粋な感情体験自体が、ある意味では「自分でも知らなかった感情」ではありますが、ここでは単純に感情の種類としてです。

お話を簡単にするために、詳細な方法については言及しませんが、例えば、怒りの状態に微笑みをプラスします。これを読みながら試されて、「あっ!?」と思う方もいらっしゃるかもしれません。自分自身に怖さを感じるような、残忍なといいましょうか、冷たい血の流れる非情な人間になった感じがしませんでしたか？

これは、ジェスチャー的に行っても、それなりに感じるところはあると思いますし、子どもや遊び心のある人ですと、冗談まじりにこういったことを行うことはあるかもしれませんね。けれど、やはり身体が変化しているほどに、リアルな感覚になります。

私個人の体験でいうと、(日本舞踊の稽古をつけていただいている中で)「怨む」という感情を表現としてどう出すのか悩んでいたところを、怒りの状態をベースにそれを圧縮するような目の使い方をすることを思いつきました。試してみたところ、**「こんな感覚があるのだな」と、驚きとともに怨むという感情を強く納得**したのです。

つまり、社会的に見てどんなに酷く醜い感情であっても、それを自分の中に見つけることが可能となるわけです。それは、一見、恐ろしいことのように思えますが、自己理解・他者理解という面で、非常に重要なことだと考えています。

もちろん、自分でも知らなかった感情とは、これまで優しさを持ち得なかった人が、ワークによって自分の中に優しさを見つけることも可能でしょう。

自分の感情を許容できる身体を持てるようになれば、自分自身も社会も世界も、自ずと平和へと歩むことと思います（ちなみに、私は「マイムから心と身体の平和を」を掲げています）。

自己の解体と統合

一方で、このエモーショナル・ボディワークによって、**「自分が解体されていく感じ」を覚える人も**いました。感情が自分のものではないということが、身体では確かに感じてしまう一方で、頭では受け入れられないのですね。**自分とは何か？という根源的な問いをせずにはいられなくなる**のです。

アートマイムとは実のところ、「生きる」ことの再創造であり、追体験なんですね。**世界を自分が生み出しつつも、その世界が初めから自分の外にあったかのように影響されて、存在し**

解体から統合へ

カラダも心も、一度解体して統合することで
本来の自分を取り戻せる。

ていく。ですから、日常的な自分の解体なくしては、成り立たないのです。

けれど、ここからが重要なのですが、**解体で終わるのではなく、もう一度統合させていく。**それを可能とさせてくれるのが、やはり感情です。様々な感情、ポジティブもネガティブも分け隔てなく、あらゆる感情体験を経ることで、いわゆる現実世界に降り立つことができます。

そのような意味でも、エモーショナル・ボディワークによって、自分では思ってもみなかった感情が湧いて出てきたとき、それが**どんなにわずかな感じのものでも、否定したりせず受け入れることが大事**です。

また、それと同時に、自然とそれに伴った具体的

なシーンがイメージされたりします。それもどんなものであれ、否定しないことです。受け入れることで**未知の自分と出会える**のです。

身体的に生きる

ところで、「具体的なシーンがイメージされたり」というところ、浮かび上がるものは人それぞれですが、イメージが先ではなく、やはり身体感覚が先なんです。イメージのときのお話に通じますね。

ある表現活動をしている人がこう言いました。

「この感じ（複雑な感情を伴ったシーン）を、身体からのアプローチではなく気持ちから作り出そうとしたら、多分、幸福か不幸かどちらかの単色の表現になる。もしくは、どっちつかずになって表現が縮む。**（思考的）イメージを元にしたのでは、複雑な色合い、曖昧模糊とした感情を表現するのは難しいだろうなと思った**」と。

イメージという名の思考、つまり思考的イメージでは、意外に単純なものしかイメージされてこないんですね。これは「思い通りに動く」のお話で、思ってもみなかった動きが出るような訓練が必要だとお伝えしたことと、同じですね。

頭で思っている（意識に上ってくる）ことは、身体が知り得ること・でき得ることの、ほんのわずかでしかないのです。いかに身体に働いてもらうか？なのです。

もちろん、かといって考えなくていいということではありません。**身体が働いてくれるように、いかに仕向けるか？**です。そのアイデアをどれだけ出し続けられるか？です。特に指導の立場にある場合は、これは非常に重要なことです。

正しいこと、やるべきことを指導しても、教わる側は実現できません。できるのはごくわずかなセンスの良い人だけです。それは指導ではありません。もちろん、私も日々試行錯誤です。

そのイメージ、実は思考では？

この章の最後に。

エモーショナル・ボディワークは、基本的に表現者のために開発したものです。それも、日常的・表面的な感情を表出させるのではなく、自分の真に深いところの感情に到達するものです。それはある意味というか、それゆえというか、自分という個人から超越した**「感情そのもの」に触れにいく**ものなのです。

このように、**様々な感情を自分の中に見つけ、楽しめると、日常の場でも豊かに素直に感情を表現しつつ、飲み込まれず、精神的ストレスの少ない状態でいられる**ようになると思います。また、**スポーツの本番などでも、感情のコントロールが格段にしやすくなる**と思います。

内面の問題を、内面自体でコントロールするのは難しいものです。けれど何しろ、感情とは身体です。

さらに、その身体ですが、顔も身体であり、**顔の表情は感情と結びつきが特に強い**ですから、顔の表情筋が柔らかく、繊細に様々に動けるといいのです。

また、内臓と感情の結びつき、イコール**表情筋と内臓の結びつき**ということがありますから、内臓の柔らかさも大事にしたいものです。顔が硬かったり内臓が硬いと、感情も偏りが強かっ

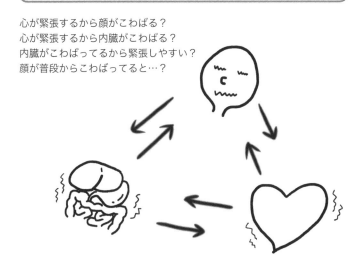

緊張とは心？　カラダ？

心が緊張するから顔がこわばる？
心が緊張するから内臓がこわばる？
内臓がこわばってるから緊張しやすい？
顔が普段からこわばってると…？

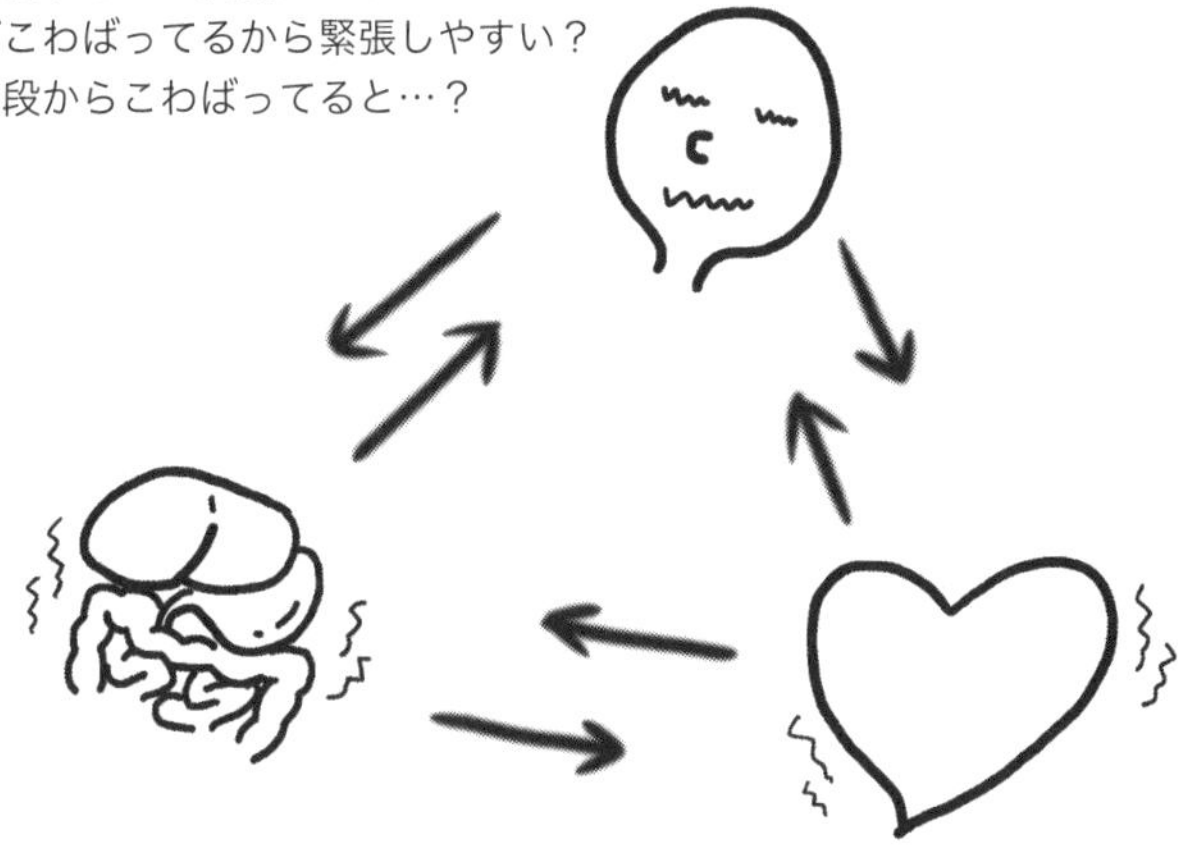

たり、薄かったりするのです。
その内臓の柔らかさには、呼吸が横隔膜の動き・内臓のマッサージとして大きな役割を果たしてくれます。ですから、かねがねお伝えしているように、呼吸も単に〝する〟のではなく〝通す〟ことが、身体自体や動作に留まらず、感情の面でも重要というわけです。

前章でお話ししたように、イメージの体現、感情の許容とコントロールとは、広い意味では「演じる」ことです。動物には決してなし得ない、人間ならではの行為ですね。それは、嘘を演じることではなく、真の自分自身であろうとすることいえるかもしれません。

演じることが嘘（ふり）ではなく、自分の中にあるものを引っ張り出す、つまり真であることによって、その人の本来の力が発揮されると思うのです。むしろ、**普段こそ、間違った自分像を演じているのかもしれない**のです。

第7章 最適な自分になる

Photo:Christine

場に最適な自分に

前章の最後に、「普段こそ、間違った自分像を演じているのかもしれない、演じることが嘘（ふり）ではなく、真であることによって、その人の本来の力が発揮される」といいました。

けれど、演ずるということが、演技の世界に携わっているかどうかではありません。例えば、試合本番、演奏本番で**人が変わったかのように素晴らしいパフォーマンスを発揮**する人・場合があります。結局は、いかに日常の社会的存在としての自分とは関係なく、**その場に適した何者かになれるかは大事**だと思うのです。

「自分はできる！」とイメージするのも、同じことですよね。けれど、すでにお話ししたように、イメージは扱いに慎重さが求められます。嘘の自分、何かのふりをするのでは、心にも身体にも無理が生じます。

ここでは、イメージや感情を自分が真に感じるといったことから、**嘘のない、けれど日常の自分を引きずらない**、**一見矛盾するような、その場に最適な自分になること**のヒントを掴んでいただきたいと思います。

「思い通り」を超えて

「思い通りに動く」というと身体の動きの話ですが、「思い通りの演技をする」となると、内面の動きという感じがしますよね？　また、「思い通りの表現をする」となると、技術面の感じもします。

身体の面では、思い通りに動くことは一見良さそうですが、思ってもみなかった動きができるようになることが大事だとお話ししました。演技も似たようなところがあるんですね。

「思い通りの演技」というとき、何を指すのか判然としませんから、良し悪しは言えません。ただいえることは、嘘であってはほしくない。例えば、その人・演者が考えてやっているのではなく、**役の人物は自然とそうなってしまうんだろうな**と感じさせてくれる演技であってほしいということです。演技に無理がないと言えば良いでしょうか？

「思い通り」といったとき、身体の動きの面では意図通りでしかなく、身体の声を聴けていないなら、それは身体にとって嘘がある、無理があるということです。**演技も作為が見えると興醒めする**ということでもあります。

思い通りの表現という場合も、**「技術を見せているんだな」**となってしまうと、見る側としては最初に驚いた後は急激に冷めていきます。だからといって、もっとすごいものを見せてくれたとしても、どんどん全てが同じに見えてしまい、次第に飽きてくるものです。

理想と最適

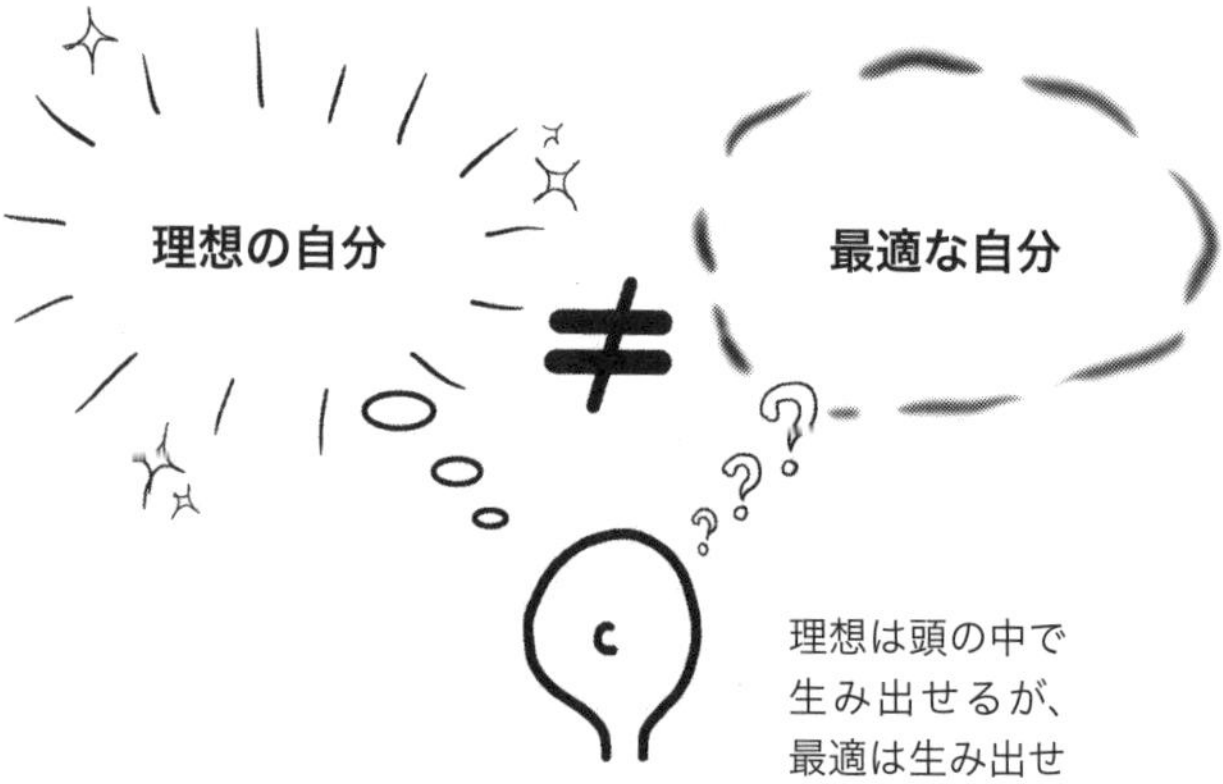

理想は頭の中で生み出せるが、最適は生み出せない。

序章でもお話しした、思い通りにできることを目指すのは注意が必要というように、最適な自分になるというのも、**予め頭で考えておいた理想の自分になることとは、違って**くるんです。

この辺りのことを、一緒くたにしてしまうと、理想通りになれない自分との闘いになってしまい、常に不自然さがつきまとうので、注意が必要です。

次は、アートマイムという表現の具体的方法を通して、「嘘のない」、けれど普段とは異なる自分になること、について見てましょう。

思考的イメージを動きでなぞってはいけない

こんなこと、ちょっと試してみてください。

可憐な花を見ている姿を（無言のまま）表現するとしたら、どうなりますか？

人によってはしゃがんで小さくなるかもしれませんね。けれど、同じ可憐でも、可憐な人を目の前にしている姿を、やはり無言のまま表現するとしたら、どうでしょう？　しゃがみはしませんよね。

「可憐」の中に小さいという要素はありますが、だからといって、しゃがむという動作・ムーブメントをしてしまうのは、ちょっとジェスチャーとして合わないのです。

以前、**ボディワーカーの藤本靖さんが講師を務められてる上智大学の授業に**ゲスト講師として招いていただいた際、そこの生徒さんたちにこのようなワークに挑戦してもらったことがあるんです（そのときの模様は、『月刊秘伝』2020年2月号「『エモーション』から〝ゾーン〟への道筋！」に掲載）。

藤本靖さん曰く。

「みんな難しかったようです。『可憐』という身体感覚自体がないので、頭でイメージを作り上げて、それを動きでなぞるような表現になりがちでした。

次に、自分自身が『可憐な花になる』というワークをしました。これは最初のよりはやりやすかったです。

さらに興味深かったのが、その後、可憐な花を見たときの感情を表現すると、わざとらしさが随分消えました。『可憐』の感覚が身体としてあるので、作り事ではなくなりました」

この中には、重要なことがたくさん詰め込まれています。

「身体感覚自体がないので、頭でイメージを作り上げて」とは、まさに思考的イメージです。ですから、その結果として「それを動きでなぞる」ことになってしまったわけです。ジェスチャーになりやすい。嘘ですね。

それが、「可憐な花になる」というワークをした後、「可憐の感覚が身体としてあるので、作り事ではなくなり」「わざとらしさが随分消えた」表現になった。嘘が減ったんですね。

思考的イメージを動きでなぞるとき、どれだけ思い通りに動けても、それは表現としては不

「可憐な花」ワーク

「見る」では思考的イメージ優先だったが、
「なる」では身体的イメージが働くように。

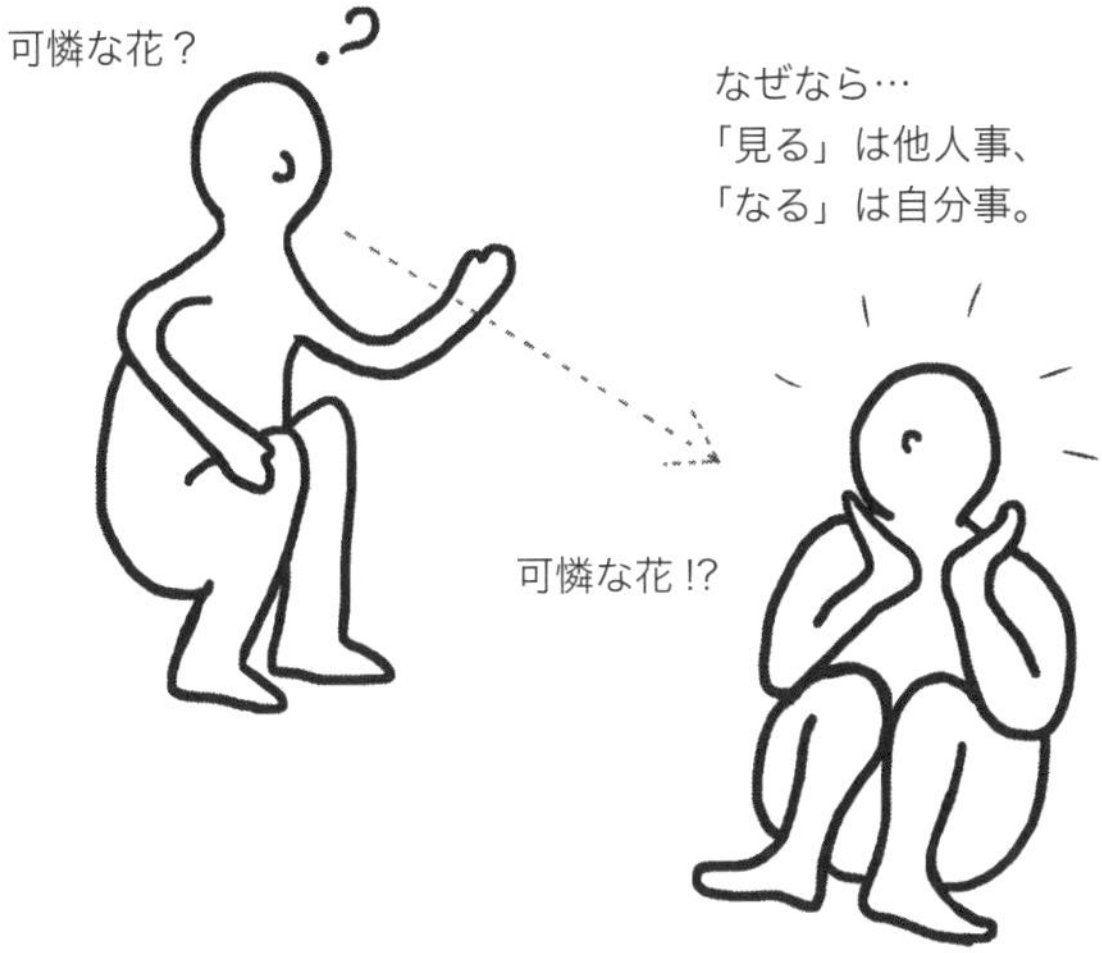
可憐な花？
なぜなら…
「見る」は他人事、
「なる」は自分事。
可憐な花 !?

自然であること、想像に難くないと思います。「思い通り」がそのような「思考的イメージ通り」になると、思い通りに動けたら良い表現になるわけではない、ということです。

では、**なぜ生徒さんたちの表現から、わざとらしさ、嘘がいくらかでも消えたのか？**　それは、動きの訓練ではなく、自分自身が「可憐な花になる」ことをしたからでした。それも面白いですね。「可憐な花を〝見る〟」と考えたときは、可憐の感覚が難しかったにもかかわらず、自分自身が「可憐な花に〝なる〟」ときは、「やりやすかった」と。

どちらも「可憐な花」ですが、「見る」と「なる」とでは、全く別のことということですね。それも「なる」ほうが比較的楽。

「見る」は他人事なんですね。自分の外に可憐を想定するので、難しい。一方、**「なる」は自分事**。自分の内側、自分自身に想定することになります。**身体的イメージと思考的イメージの違いは、自分事か他人事かの違い**とも言えるわけです。

しかも、**思考的イメージで演じているとき、本人も必ず違和感を覚える**ものです。それはとりも直さず、身体感覚が合致していないからです。だからこそ、恥ずかしくなるのです。

「可憐の感覚が身体としてあるので、作り事ではなくなり」とあったように、身体感覚が合致しているかどうかは、無意識下であってもわかるものです。**わからない場合は、相当に思考が身体を支配している**ということです。妄想しやすい人も同様です。

それは、身体の芯が硬くなっているのです。仮に体の柔軟性が高くてもです（脚が開く、前屈が深いなど）。ちなみに、このタイプはケガをしやすいので、注意が必要です。

「思い通り」の扱いも、注意が必要ということですね。

よく「成功をイメージしましょう」といわれます。しかし、身体的イメージと思考的イメージの違いをわかっていないと、もし思考的イメージをしている場合、内面の深いところでは違和感があります（気がつくかどうかは、身体の柔軟性でのお話と同じ）。

そのため、**成功をイメージすればするほど、実は成功できないのでは？という思いを強める**ことになるんです。

思考がカラダを
支配していませんか？

カラダの芯が硬く、ケガをしやすい。
感情も硬く、表情も硬い。

思考的イメージの違和感

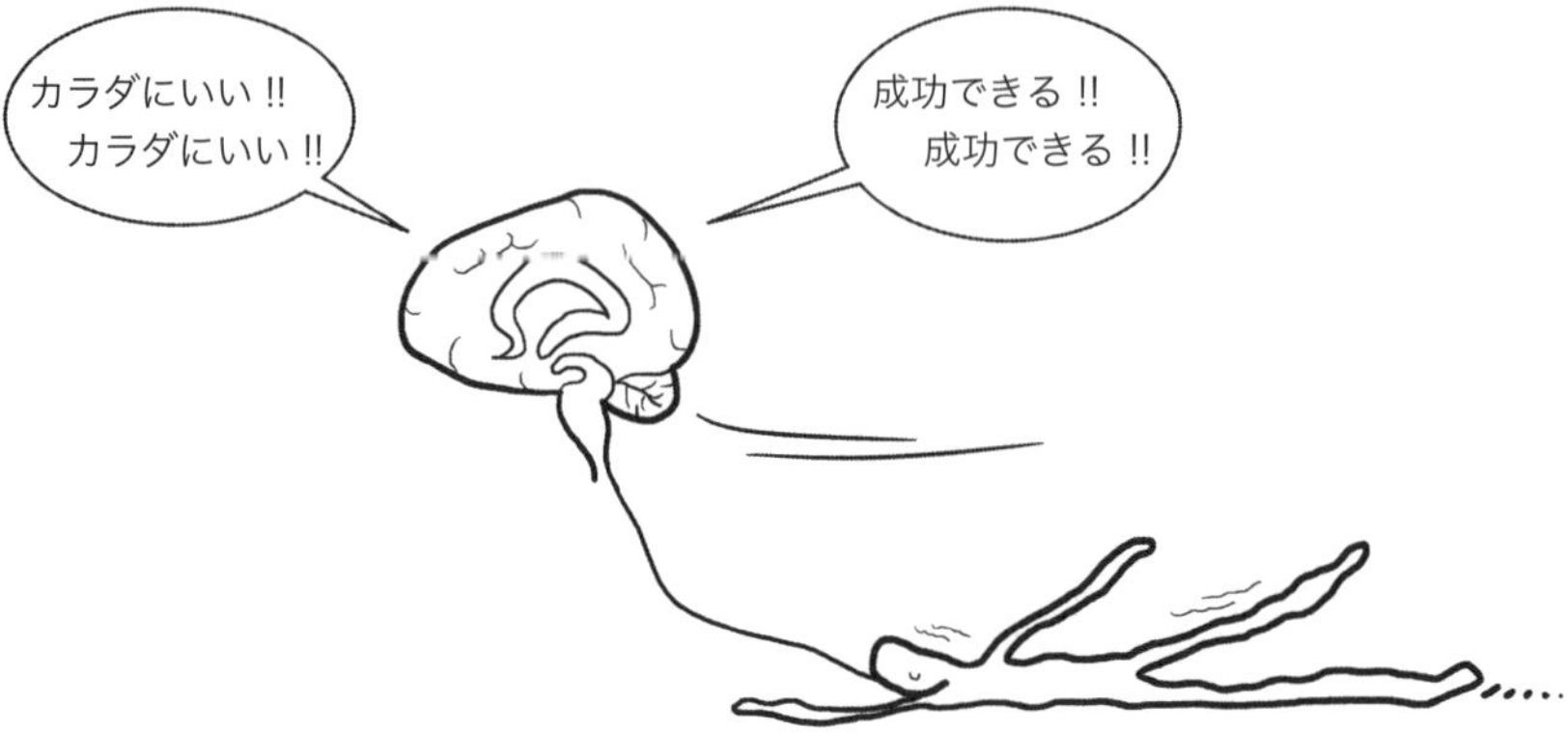
カラダにいい !!
カラダにいい !!
成功できる !!
成功できる !!

では、元々「可憐」の身体感覚がなかったにもかかわらず、自分自身が「なる」となった場合に、なぜできるのか？です。やはり、必死さでしょうか？　自分事になると、他人事のときと同じように必死になったとしても、違うのかと思います。

けれど、それはやはり、必死といった**気持ちの問題ではない**と思います。**身体感覚をフル動員させるかどうか**だと思うのです。他人事のときの必死さは頭の中だけだったのが、自分事のときには、頭と同時に、自然と気づかぬうちに身体をフルに使うようになるのだと思います。

嫌なことをするとき

ちょっとお話はそれますが、嫌々やっているとケガをしやすく、楽しんでやっていると楽にできるということがあると思います。**嫌々なときは、身体が稼働していないんですね。自分が頭の中に留まっている。**

一方、楽しんでいるときは、自分が身体の中にいる（留まっているという意味ではなく）。身体が稼働している、自分が身体から離れていないということですね。

かといって、もし嫌なことをするときに**無理に楽しくしたのでは、やはり嘘**があり、ますます自分は身体から遠ざかってしまいます。**不自然な表現・演技と同じ**ですね。

無理をするのではなく、自分を頭の中に留まらせずに、身体の中に移すこと。つまり、**身体感覚に注意を向ける**ことが、楽しさはなくても、少なくとも嫌さに囚われないでいられることにつながります。

これは、感情のお話であった、「感情を許容しつつ」ということと同じですね。**嫌なものは嫌でもいい。ただし、行動はそれに支配されない選択**ができるわけです。

このようなこと、言うは易しで、日々の生活の中で実践していくのは、なかなかに大変なことですよね。ですが、日常から切り離された表現という場で、こういったことの体感は比較的容易です。

そして体感が深まると、自然と日常の場で実践するようになるものです。と考えると、表現・演技を人前ですることに全く興味のない人でも、表現にトライすることが無縁ではなくなるかもしれませんね。

思い込むと閉じてしまう

お話を戻しましょう。前述のワークでは、実際に対面した相手を可憐な人として見るということもしました。藤本靖さんはこのワークを体験して、次のように語りました。

「人を相手にして『可憐』と思おうとすると、変な汗とエモーションが湧き上がってきました（苦笑）。さすがに生徒さんたちは恥ずかしかったようです（笑）」と。

そうですよね（笑）。普通はそういうものです。昔の私でしたら、やはり同じです。心折れるといいますか、耐え切れないものを感じたと思いますから、皆さんのお気持ちはよーくわかります。挑戦していただいたことに感謝です。

それではなぜ、そんな私が表現の世界にいられるかというと、感情のお話のときにお伝えした「より深い自分の感情」を捉えることができるようになったからなんですね。感情が自分個人のものではなく、身体として普遍性のあるもので、**感情が自分の中にあるのではなく、自分を通して出ている**ことがわかったのです。

第6章でお話ししたように、感情は自分より遥かに大きなものです。そこに個人性はなく、ただ自分の身体のスイッチが入ったとき、自分の身体の中である一定の回路がつながったとき、ある種の感情が現れる。

そのとき**脳は、自分の身体からその感情が発生したと認識するために、自分自身の感情だと思ってしまう。**そのように感じるんですね。

もちろん、日常的には思考が複雑に絡むため、そう単純に感情をコントロールできるものではありません。私も修行が必要です。ただ、この辺りのことは、なぜ人は自分を自分と思える

感情が自分の中にあるのではない
自分を通して出ているだけ

“私”の感情でしょ？
だって“私”のカラダよ！
カチッ！
感情スイッチ

のか？にも通じますから、非常に面白いところだと思います。

さて、対面した相手を「可憐な人として見る」のは、決して相手の中に可憐さを見つけ出すことではありません。むしろ、「可憐な人にする」という感じです。といっても、**思い込むわけではありません。それでは嘘**になってしまいます。

自分と相手の間から、可憐さが生まれるようにするのです。相手を可憐さで包むという感じでもあります。

いずれにしても、相手が可憐かどうかではなく、こちらから相手を可憐にしていくわけです。

その際、**「思い込む」かたちだと、自分の中にエネルギーが閉じて**しまいます。「込む」という言い方自体が、すでに閉じる方向を示していますよね。

では例えば、相手を可憐さで包むのは、どうしたら可能なのか？　そこで、運動的な身体の使い方である**「重さを伝える」といった、表現とは全く無縁のような身体感覚の使い方が、役に立って**くるんです。

空間に音を

第3章でお話しした、自分の重さを移動させるような感じで、**自分の空間を伸ばして広げ、相手を包む。相手の方の質量が増す感じ**ですが、この可憐の場合だと、フワッと相手の周り全体としての質量が増す…例えば、**大きなシャボン玉**でもいいですね。こちらからニュゥンッとシャボン玉を伸ばして、相手を包む感じでしょうか？

そのことで、相手方の持つ引力が増して、こちらはちょっと引っ張られる（質量の高いものは引力が強いですから）。

こういったことを、思考的イメージではなく身体的イメージで行うわけです。運動的な身体の使い方として**力を入れるのではなく、重さを伝えることができると、わかってくる**はずです。

逆に、力を入れることとしかできないと、不可能です（ここのお話自体の理解も難しいと思います）。どれだけイメージしても、思考から抜け出せないんですね。だからこそ、アートマイムでは表現力を上げるために、一見関係なさそうな武術的な身体の使い方などを稽古するわけです。

内面的な表現も身体運動？

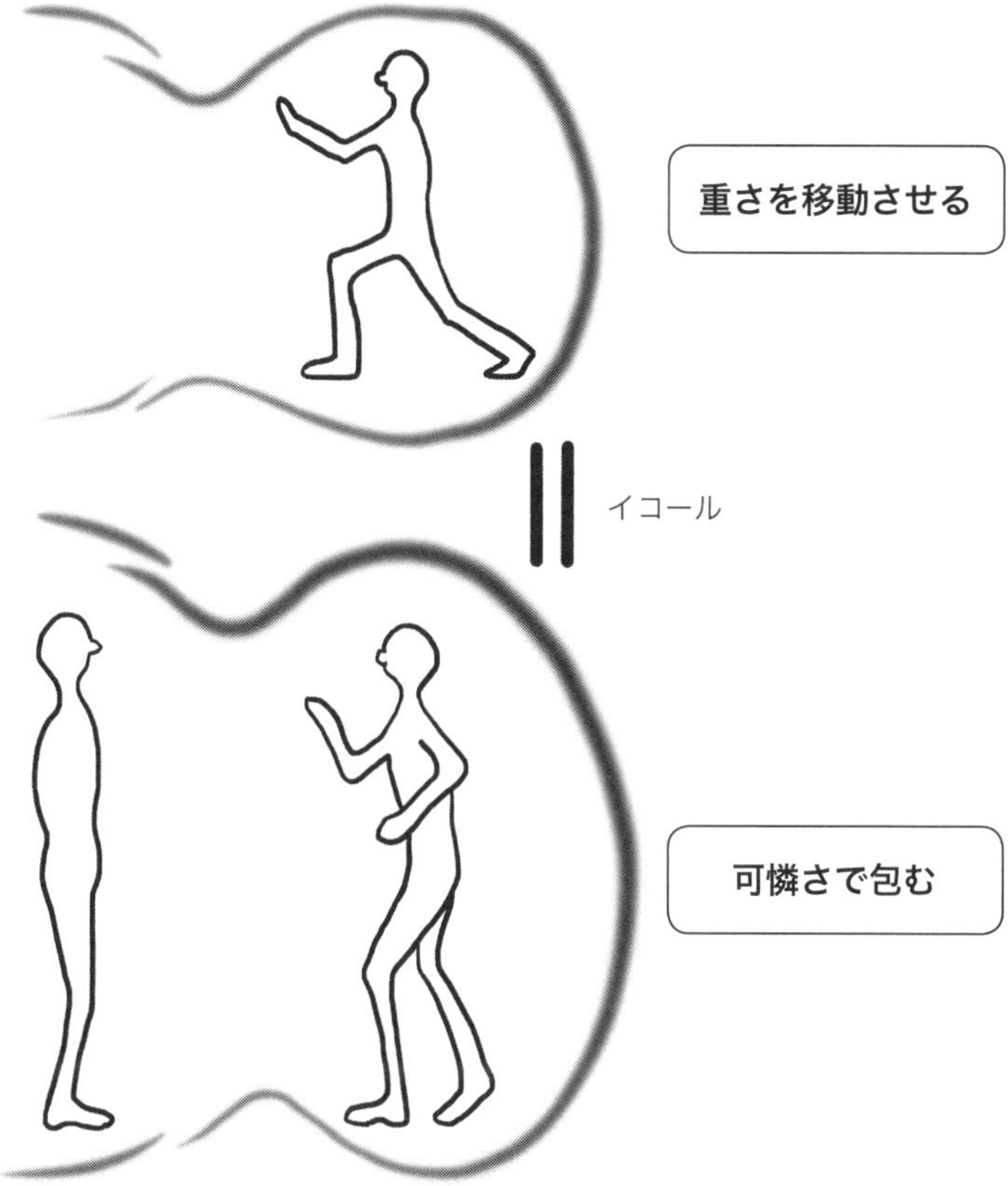

こうして実感のある空間を相手に伸ばし、包みます。そして、その**空間に色をつける、あるいは音を鳴らせる**のです。可憐にふさわしい色、その色を音で表すとどんな感じの音になるか？　擬音ですね。

可憐と聞いて、けばけばしい色はないでしょうし、けたたましい音もないですよね？　その人なりの色や音のイメージでいいんです。

ただ、その音を鳴らせるというのも、**自分の中で鳴らすことがベース**です。これも、思考的イメージではなく身体的イメージである必要があります。

そのためには、遠吠えのような**身体に響く声（実際に声は出さずに）を出せる状態が重要**になります。そうでないと、どれだけイメージしても、思考的イメージのままになってしまう可能性が高いようです。丹田で音を鳴らすイメージにすると良いかもしれませんね。

ある人が、この音の感覚を体感したとき、このように口にしていました。

「私タップダンスをしてるんですけど、頭の中にしっかり音のイメージはあるのに、それが実際の動きにつながってこなかったのは、これだったんですね！」

動作と音感覚のつながりを表現に活かす場合、これは非常に重要なことです。このように、立体的な空間、質量のある空間を生み出し、そして動かし、さらにその空間に音を鳴らす（色は補助的に）。そのためには、自分の外側だけではなく、自分の中で音を鳴らすことが重要です。

それは、声が身体に響く状態であるとお話ししたように、あくまで**自分の内側の空間に張りがあってこそ可能なこと。**自分の中といっても、頭の中ではないのです。頭の中で音をイメージしても、思考の世界に留まってしまいます。自分に閉じてしまいかねないのです。

逆にいうと、身体の内側の空間に張りを作ろうとすれば、ここでお話ししている耳には聞こえない音を、自分の中、そして外側の空間に鳴らすことが可能です。私も、音を鳴らすことよりも先に、内側の張りを保ち続けることから始めています。**誰にでも可能性はあります。**

ちなみにこれは、前著でもお伝えした、**内が外であり、外が内である状態**です。

さて、長くなりましたが、アートマイムという表現の方法を見ることで、「嘘のない」、けれど普段とは異なる自分になるということが、いくらかでもご理解いただけたと思います。

「できない」と思っている自分を引きずっていては、できるものもできなくなります。演じ

できると思っていなければ、できない

るということの可能性を、感じていただければと思います。

キレイな動きは雑音に？

実際にすでに表現に関わりのある方には、もう一つ重要なことがありますので、この章の後半ではそれをお伝えしたいと思います。

アートマイムという表現は、動きを見せるのではないとお話ししました。**身体表現において、動きを見せないとはどういうことか？** もちろん、**気持ちだけで表現するということではありません。**

見せるべきは、空間なんですね。相手を可憐な人として見る場合なら、相手と私の間の空間に可憐が見えるようにする、という感じであったように。ただ、それでは動きを見せないということが、ちょっと抽象的なお話になってしまいますので、具体的にわかりやすくお伝えしたいと思います。

空間を見せるためには、観客がこちらの動きに目がいかないようにする必要があります。それが、動きを見せないという言い方になるのです。表現しようする**内容に対して、全身のどこをとっても観客にとって違和感がないように、全身がその表現に参加している**ということです。

例えば、動きや姿勢の美しさは大事なのですが、**キレイな動きをしようとすると、それが雑音に**なります。美しさとは、スポーツ選手の無駄のない動きのようなもの。つまり、何かしらの目的（速く走る、遠くまで投げるなど）を達成するために、身体のあらゆる部位、指一本一本までが全身の協調の中で働いている状態をいいます。エネルギーの純度が高いともいえます。これが、キレイに動こうとするとき、崩れるのです。雑音が生じるのです。キレイというものが、人為的な作為だからですね。

例えば、何かに手を伸ばすとして、キレイな動きを意識すると、肘から指先に向かって波が起きるようにしがちです。けれど、私たちは日常、そのような腕の動かし方はしませんよね？　普通にただ手を伸ばすだけです。

ということは、波のように動かすことは、何かに手を伸ばすという目的とは全く関係のない動きであって、やはりキレイな動きを見せることが目的になっているわけです。もちろん、そのような動きを様式美として使っている場合もあります。それはそれです。

日常では、普通に手を伸ばす、その動作を美しくするとはどういうことか？　一つには、身体のバランスがあります。人は常にバランスを保とうとしています。そして**動くということは、バランスを上手に崩すことです。崩しつつ保つ。**

ですから、手を伸ばす際には、実際に手が伸びる動きが始まる直前に、バランスの崩れに対する予備動作が足元から生じるんですね。そして、手を伸ばすというのは、指先が先行した動きになります。決して肘や手首からではないんです。

ちなみに、指先先行で動くといっても、同時に、足元でバランスを取る動きが生じています。その関係が、（スポーツの世界での）体幹から動いたほうが良い、あるいは（武術的な世界での）末端、ここでは指先から動いたほうが良いといった話になるのです。

このようなバランスの微細な揺れを、全身で感じ取りながら、かつ目的に適った動作になっているかどうか？です。それが、自然な動きに見えるためには重要なことであり、結果、動きが見えなくなるのです。

手を伸ばすという動きではなく、目的、ここでは何かに手を伸ばしたいという思いを遂行したことだけが、つまり、**身体の動作ではなくその人物の内面の動きだけが、観客の意識に上る**わけです。けれど同時に、無意識下で動作の美しさ（キレイさではなく）を感じるのです。

動物の美しさを音で捉える

バランスを崩しながら保つ。この二つの関係の精度の高さが、動きの良し悪し、美しさにつながっています。

では、この精度を常に高いところで維持できているのは誰かというと、それは動物です。動物の動きに美しさを感じるのは、このためですね。動物はキレイに動こうとは決してしませんよね？　見てみたい気はしますけど（笑）。あり得ないからこそ、動物を擬人化したアニメなどは面白いのでしょうね。

動物は、常に全身が一つになって、目的に適った動きをします。例えば、獲物に忍び寄ると

音の質感が大事

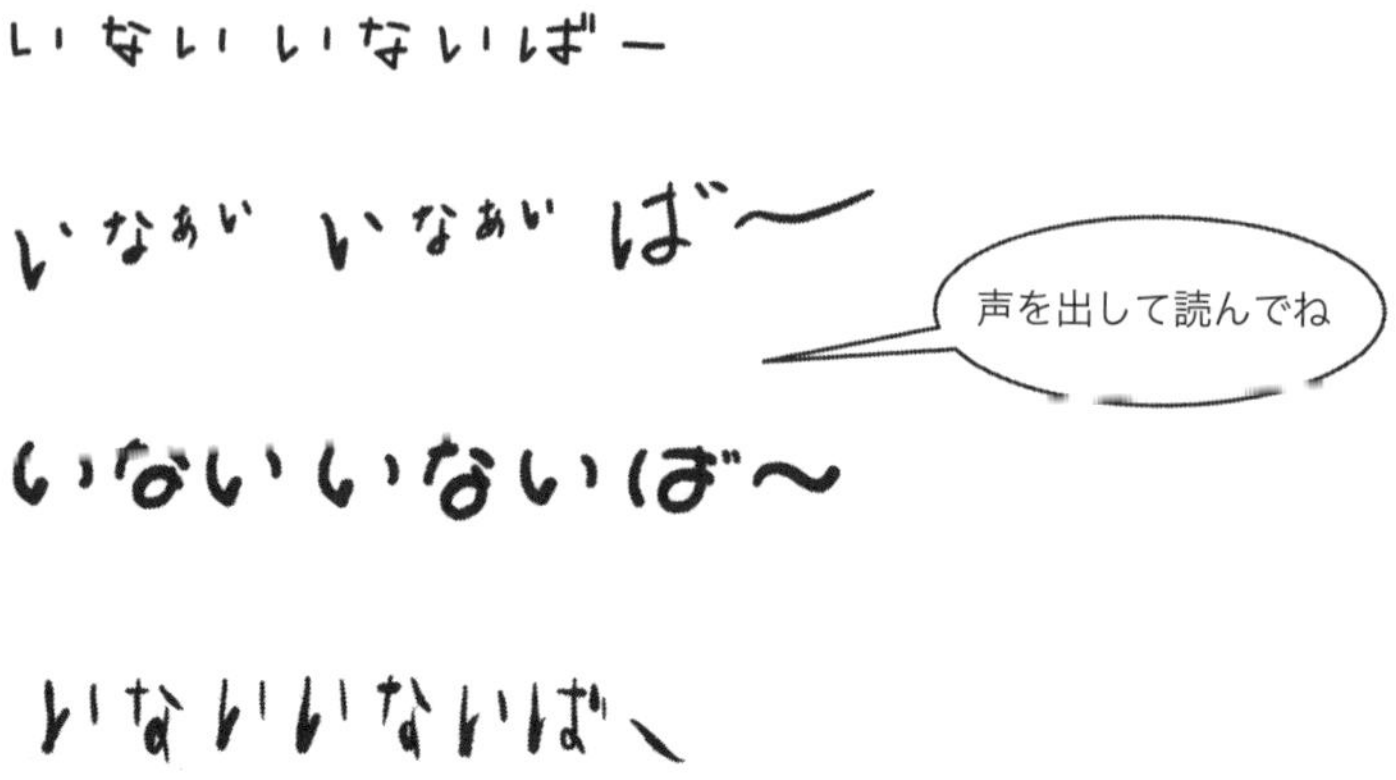
いないいないばー
いなあいいなあいばー
声を出して読んでね
いないいないばー
いないいないばー

きも、食べるときも、全身にそのエネルギーが満ちています。第3章で絵に描くワークをしましたが、動物が何かに危険を察知して立ち上がったときの様子は、何ともいえない緊張感が漂いますよね。

　動物の真似をするということではなく、動物的な無理のない美しい動きはいつでも参考になります。

　そこで、参考にするときのポイントです。そんな美しい動物の動きから、どんな擬音が聞こえてくる感じがするか？　漫画のように擬音を描き加えるとしたら、どんなものにするか？　といったように、**動きを音で捉えると良い**のです。全体の雰囲気を掴むわけです。

　そのとき、やはり第3章でお話しした、エネルギーを絵にする感覚が役に立ちます。擬音といっても、音にも浮遊感や重力感があるため、音を表す「言葉」になってしまっては、元も子もありません。それでは思考になってしまいます。**音の質感**が重要になります。

こういうことに慣れてくると、キレイな動きは、美しい動きとは違った音を携えていることに気がつけます。雑音が混じっていることに。

そして、自分の動きが携えている音にも敏感になり、自然と良い音を携えることができるようになります。

「私はマナーを意識しています」にならぬよう

こうして表現の世界を見てくると、身体とは、動くとは、肉体・物体の問題でもあり、内面の問題でもあると、理解が進むのではないでしょうか？　身体を動かすということの見方がちょっと変わってくるのではないでしょうか？

いえ、きっとどなたも、実はわかっていたことだと思うのです。ただ、あまり意識的ではなかった、ついつい身体をただの物体として見ることに意識を持っていかれていた、そんな感じかもしれません。

これまで世に多く出回っていたのは、身体は身体のこととして、意識・内面のことは意識・内面のこととして、別物のように扱っているものです。

マナーのような心遣いのものは、まさに身体と内面を別物としてしまうことで、**マナーの体現ではなく、「私はマナーを意識しています」の体現**になってしまったりします。そのことで、むしろ失礼な感じが生じることもある。もったいないですよね。

別物として扱うことで、確かに理解が進みやすいことはあるのですが、**あくまで一体化しているものだという前提で捉えないと、どこかで不具合**が起きます。

私の出会ったアートマイムという表現は、自分の思いを好きに表現するものではなく、**他者に伝える、他者の内面との共有を目指す**ものです。言葉を介さずに。

それは、自分自身の感覚だけを大事にするのではなく、同じくらいに他者（広く一般）の感覚を大事にする必要があるということになります。ですから、なおのこと、身体と意識・内面の一体化には厳密に向き合う必要があるわけです。

私自身、アートマイムと出会っていなければ、こうした考えを深めることはなかったかもしれません。また、アートマイムの担い手を育てようとしていなければ、こうして言語化はしていなかったかもしれません。

といったように、**意識・内面の動きを含め、全ては身体の動きに還元されるために、身体の動きを重視する**のです。**その全体をひっくるめて、エネルギーという言葉で呼び、エネルギーの動きを重視**するわけです。

ですから、身体の動きを良くしようというとき、解剖学で収まる範囲の肉体だけを見ていたのでは、全く動きにならないと思うほうが良いのです。それは、あくまで補助の役割でしかないのです。

また、いわゆる筋トレやストレッチをオススメしないのも、このような理由からなんです。「動き」とは別物だからです（厳密な意味では、筋トレやストレッチは大事ですよ。この辺りは前著に）。

少し先に行っている自分に追いつく

ここで、ちょっと表現のお話から運動のお話に戻ってみましょう。

速く走ろうとする場合、ランニングフォーム云々を考えるのではなく、エネルギーを考える。走るというのは（歩くでも同じですが）、**ここにいる自分を前方へ運ぶことではない**んですね。体の動かし方に意識を向けるというのは、どうしても「ここにいる自分を前方へ運ぶ」になりやすいんです。

では、エネルギーを考えるとどうなるか？というと、**すでに先に行ってしまっている（未来の）自分に（ここにいる）自分が追いつく、**なんです。ただ、すでに先に行っているといっても、目的地まで未来の自分がすでに到着してしまっていると、結局、ここにいる自分を前方へ運ぶになってしまいます。ですから、もう少し正確にいうと、**常に少し先に行っている自分に追いつこうとし続ける**、になります。

とはいっても、これではまだ思考的イメージです。**体の感覚に落とし込むために何ができるか？** 皆さんご自身でも、良いアイデアを考えて、ぜひそれを使ってみてください。

合っているのか間違っているのか、気にされる方もいらっしゃると思いますが、大事なことは役に立つかどうか？です。役に立てば良いですし、役に立たなければ、また考えればいいんです。気楽に、ですね。

私のアイデア・提案としては、声です。声をワーッ！と前方遠くへと出しながら（実際には

同じ走るでも…

カラダは動いているが、
エネルギーは動かず。
肘の角度
腕の振り
骨盤の…
着地の…
ワォ〜ん!!
声に追いつけー！
エネルギーを動かすために、
カラダが動いている。

出さないほうがいいかもしれません）、**その声の先に追いつくように**走るんです。イメージは湧きましたか？

これは、競争相手が少し前にいて追いつこうとしているほうが、自然と速くなるのと同じ原理といえます。**本当に目に見える他者がいるのか？　それとも自分の声で他者的なものを生み出すのか？**　の違いですね。

ただし、競争相手が実際にいることや、あるいは想定することと、声を出す感じとでは、やはり違ってきます。相手が目に見えるだけや、頭の中での思考的イメージに比べ、声を出す場合は自分自身の身体感覚がはっきり変わり、それがそのまま前方へのエネルギーとして働いてくれます。

ちなみに、この場合の声も、いわゆる大声タイプの喉を締めてしまう出し方では、むしろ悪影響が出ます。**喉の開いた素直な声、身体に響く声の感覚**があるほうが、より効果的です。全てはつながっています。

小さな子どもになる

ところで、**小さな子どもは走るとき**、ここでお話ししたこと、つまりエネルギーを先に前方に送るということを、**当たり前にしている**んですね。これは見方を変えると、小さな子どもは、実は常に自分を変えているということなんです。

小さな子どもは、興味のないものには全く動こうとしませんが、心惹かれるものがあれば、そのものしか見えないくらいになりますよね？「自分」が何かをしているのではないんです

子どもと大人の違いでもある

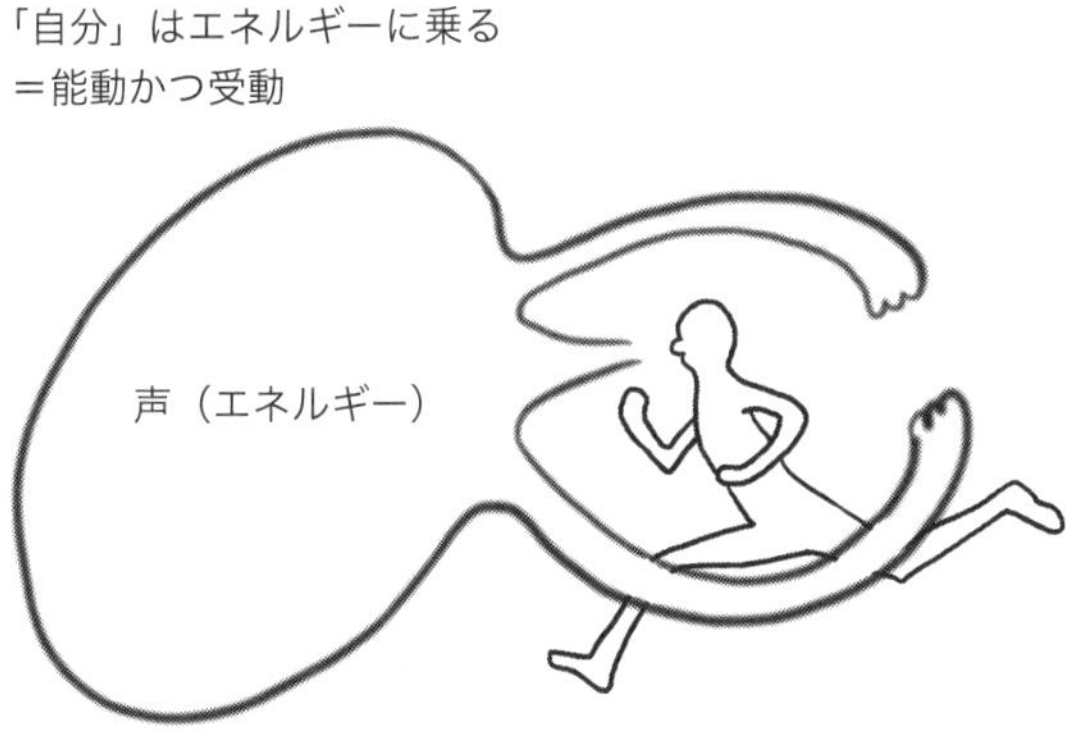

ね。

子ども自身も、なぜそれに心惹かれるかなんて、わかるはずもありません。けれど、**そこにエネルギーを持っていかれた自分がいる、それだけ**ですね。

自分が何かをしているのではないがゆえに、全エネルギーを注げる。というか、そこに持っていかれたのが自分であるから、当然、普段の元いたところの自分は、もういないわけで。ですから、エネルギーもそこには残っていない。

つまり、**嘘のない、けれど日常の自分を引きずらない、一見矛盾するような、その場に最適な自分になる**こと。それはある意味、小さな子どもになることなんですね。

よく言われる「子どものようになればいい」とは、決して子どもじみた「幼くなりましょう」ということではありません。このように、**エネルギーを自分に残さない**ことなのだと思います。

天才といわれる人が子どもっぽかったり、可愛かったりするのは、当然なんですね。

けれど、それは誰もが通ってきた道なんですよね。本能的に持っているものなんです。社会生活が長すぎたのです（笑）。ですから、私たちにできることは、**社会生活に対応しつつ、どこまで子どもを取り戻せるか？**です。そして、それはもちろん「子どもっぽく振る舞いましょう」ということではなく、「エネルギーを扱えるようになりましょう」ということなのです。

いかがでしょうか？　**その場に適した何者かになる**ことを、それぞれの分野、思うところで活かしていただければと思います。

第8章

自分を騙す

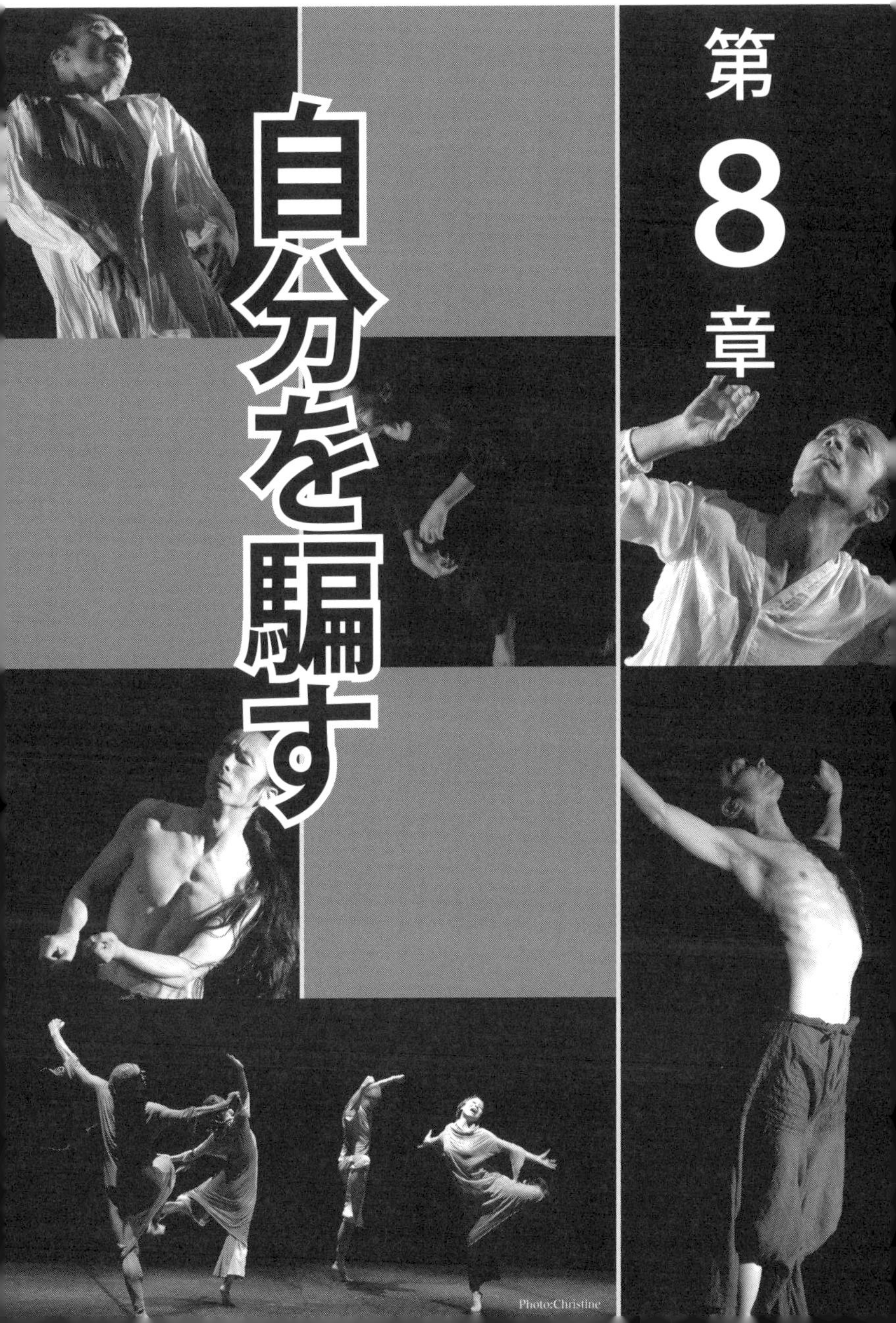

Photo:Christine

私はいない。私とは反応

その場での最適な自分になるということは、演技の世界だけの話ではなく、誰にも共通の重要なこと、というお話でした。

そこで一つ大きなポイントとして、**自分を先に行かせる・エネルギーに持っていかれる**という状態がありましたね。ここをさらに深めていくために、**「自分を騙す」**ということをお話してみたいと思います。

これは、スポーツではフェイント、武術的なところでは気を悟らせない、ということに直接的につながるかもしれません。冒頭の「思ってもみなかった動き」にもつながると思います。

表現においては、**自分をいかに騙せるか?**が非常に重要なんですね。表現というと、一方的に何かをする感じだと思えます。しかし、少なくとも演技という面では、この「自分が何かをする」ばかりでは、最悪の演技になってしまうんですね。というのは、私たちは基本的に**反応する存在**だからです。

前章の「子ども自身も、なぜそれに心惹かれるかなんて、わかるはずもありません。けれど、

「私」はいない

私とはただ反応する存在

そこにエネルギーを持っていかれた自分がいる」で、すでに語っています。一般的には私〃が〃反応する（例えば「私〃が〃興味を持った」というように）と思われていますが、**反応したのが私（興味をなぜか持ってしまったのが私）**だと思うのですね。少なくともアートマイムでは、そのように「私」というものを捉えているんです。

美しい景色を見て感動しているとして、まず美しいというのは何か？です。美しいかどうかは、その景色にあるのではなく、私の中にあるものですね。自分で勝手に美しいという判断・ラベルを貼り付けただけです。

そして、その美しさに感動したとなるわけですが、美しさと感動とは本来、直接的な結びつきはありま

「私」が感動したのではない？

うわぁ〜
キレイ〜!!
って、私が感動してるんですけど…

せん。美しいからといって感動するとは限りません。キレイな夕焼けを見て感動する人と、「ああキレイだね」で終わる人といますよね。感動するのに美しさが必要なわけではないんです。

「ああキレイだね」で終わってしまう人も、他の人がどんなものをキレイだと言っているかは頭ではわかる。けれど、理解はしても心が震えることはないのですね。**景色が美しいかどうかは、感動とは切り離す必要がある**ということなんです。美しい景色を見て感動した人は、とにかく感動した、それだけ。何だか身も蓋もない感じですね(笑)。

続けますね。ではなぜ、感動する人と感動しない人がいるのでしょう？ 逆に、感動してしまった人に「感動しないようにしてください」、感動しなかった人には「感動してください」、そんなお願いをしてどうなるでしょうか？

これは食べ物の好き嫌いだと、もっとよくわかりますね。これらは、そう反応してしまうわけで、**選択しているわけではありません**。選択しているのであれば、逆の反応もごく自然にできるはずです。感情のときのお話と同じですね。自分の中に感情があるのではなく、外にあるものが自分を通して現れている。

つまり、私が感動したのではなく、そういった反応をしたのが私。私はいないのです。

能動と受動

そこで、美しい景色を見て感動するということを、どう表現・演技するかを見ると、「私が感動したのではなく、そういった反応をしたのが私」の考えが、さらに本当なのでは？と思っていただけると思います。

表現の場では、美しい景色を見て感動しているところを演じるとき、できること・やるべきことは「見ている」ことの表現と「感動している」ことの表現の二つです。**美しさ自体は表現**

できません。

そして、このごくシンプルな表現の中に、大事な要素が二つ入っています。それは、**能動と受動**です。

ところで、下手な演技について考えると、良い表現がわかってきます。**下手な演技では、「感動している」を、能動的に行ってしまう**のです。

コメディーとしてわざとらしさを強調する演技でしたら、目一杯能動的でいいんです。けれど、真の心の動きの表現としては、いただけませんね。シリアスなシーンで、そのような能動感溢れる演技をされると、「そんなに感動したフリをしないでよ」と思ってしまいますよね？

それは、感動するということは、受動的に起きることだと、誰もがわかっているからです。自分自身が感動した経験があり、しかも、そのときに表情をわざわざ「感動してます！」とアピールはしないと、わかっているからですね。

基本的に、心の動きは常に受動的なんです。それを誰もが無意識とはいえ、わかっている。だから、心の動きを妙にアピールする演技に違和感を覚えるわけですし、演技がうまいかどうかは、自然かどうかが大きな判断材料になるわけです（コメディーとして能動感溢れたことをするのは、本来受動的だと誰もがわかっているからこそ、成り立つのです）。

ただし、受動的に「感動している」表現ができれば、十分なのではありません。ありがちなのは、自分の中に入り込んで、自分自身が気持ち良くなってしまう。つまり、「見ている」という表現が疎かになり、「見ていない」状態、頭の中にその景色、美しさを再現して味わってしまうことがあります。

それは、「景色を見て感動」ではないのです。ですから、そのような演技を見ると、目にしている景色そのものに感動しているのではなく、その景色を通して思い出された思い出のようなものに心動かされているのだなと、**全く別の表現にとられてしまう**んですね。


ですから、「景色を見て感動」に必要なのは、「感動している」という受動的な状態、反応を示すことと、「見ている」という能動的な行為を示すことになるのです。

とはいっても、**見るという行為も、実は何かが目に映る状態を私が認識していること**なんですね。見るということで１００％能動的な行為にしてしまうと、実は嘘になるわけです。ややこしいですね（笑）。

同じように演じていても…

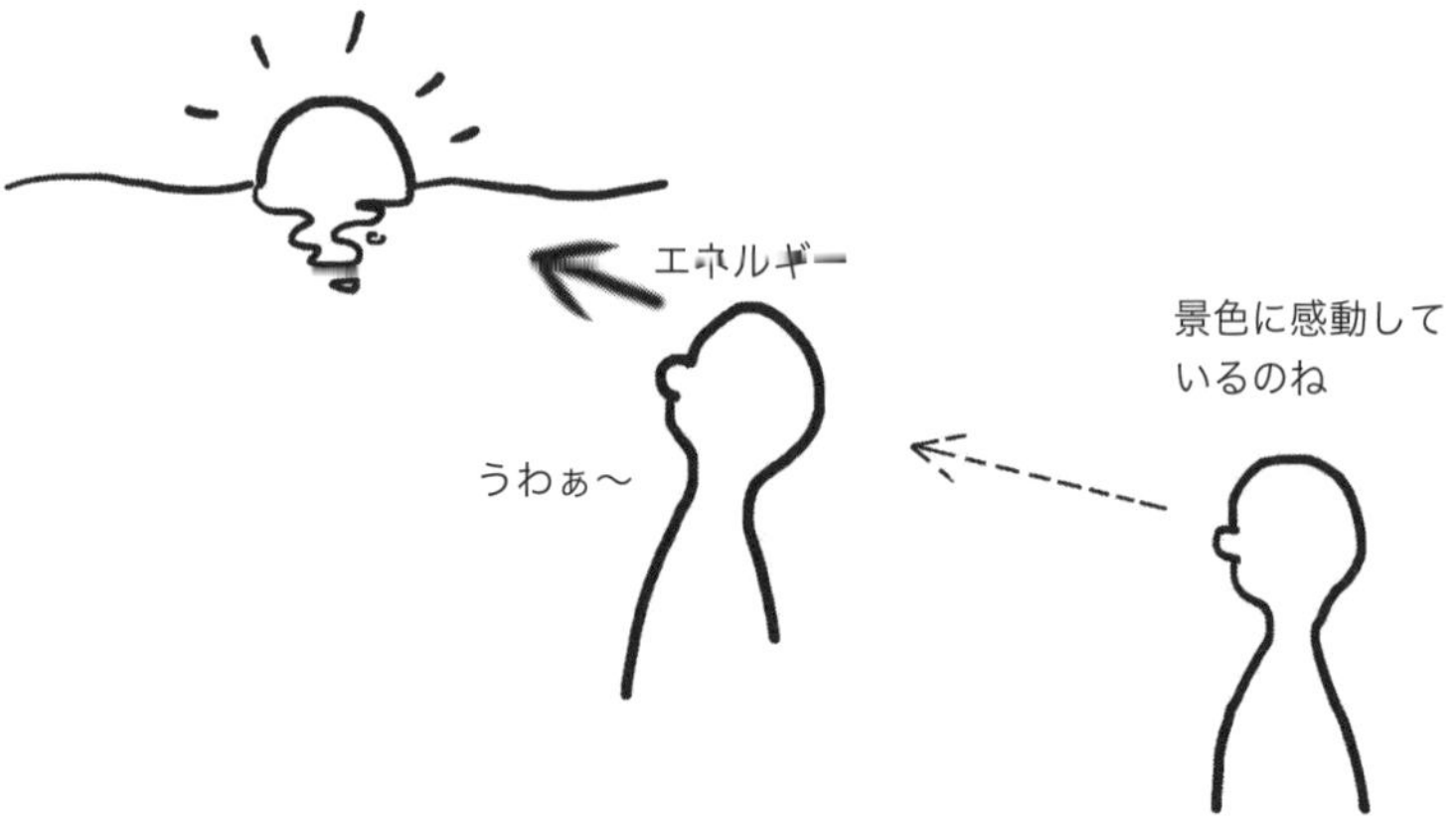

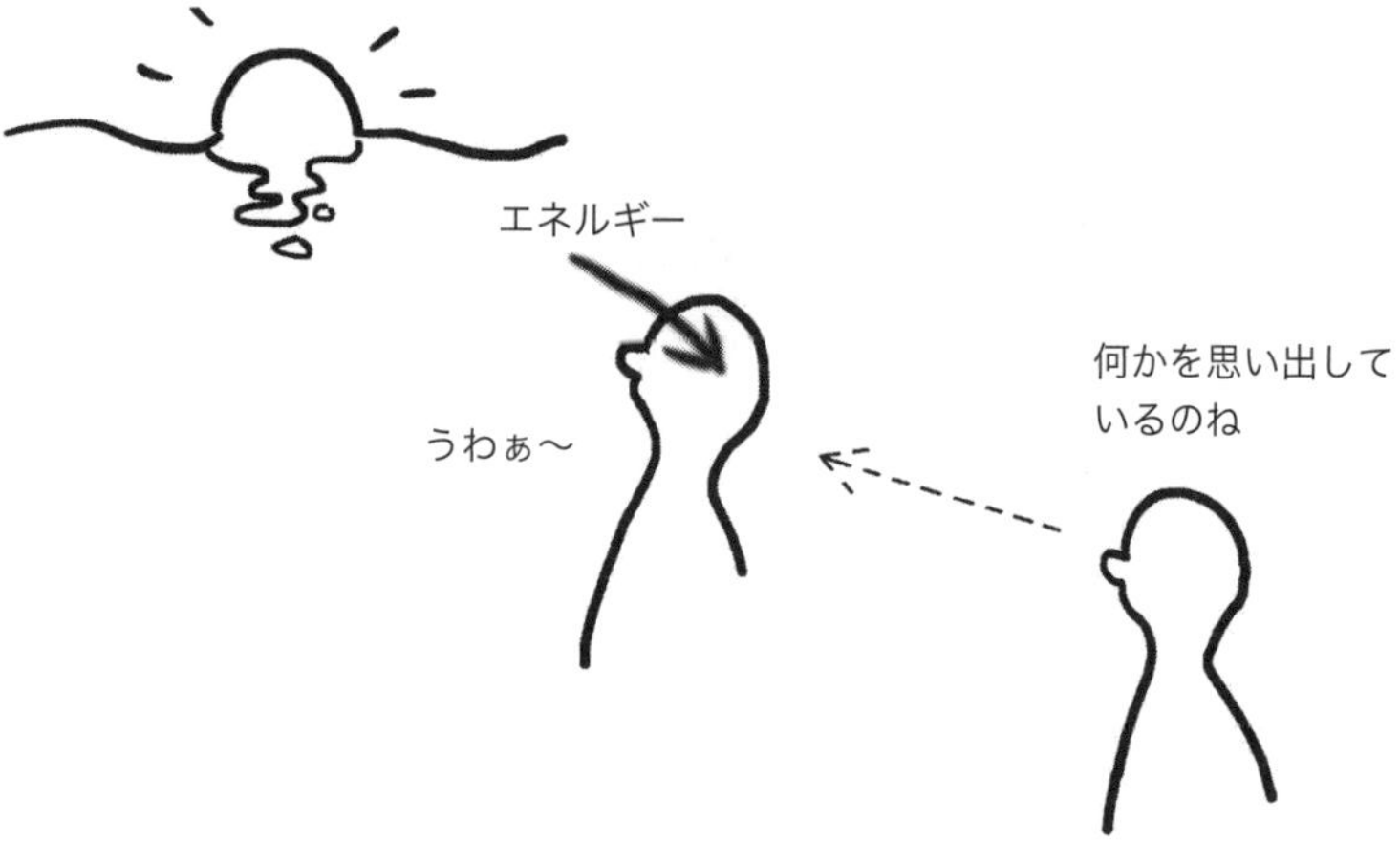

お話はそれますが、この見るという行為は、むしろ日常やスポーツなどの場でこそ重要で、**「見る」から姿勢が崩れ、「見る」から疲れ、「見る」から実は見えなくなり、「見る」から感じられなくなる**のです。

見るときに、100％能動的な行為にしてしまわずに、受動的に**「見えている」ように見ることが重要**ということです。私たちは、あまりに何でも能動的になりすぎです。発信だけでなく、受信あっての発信ということに目を向ける必要があるのです。

表現・演技をすると、その人の日常の感覚・意識が如実に、純度高く現れます。多くの人が表現・演技することに尻込みするのは、そのことを本能的に感じ取っているのだと思います。私自身そうでしたから、気持ちは痛いほどわかります。

一方、表現欲求が高い人の場合は、自分自身のことがあまり見えていなかったり、目を塞ぎたがっている場合があるように思います。そうなると、やはり能動的にばかり演じてしまい、空回りしてしまいます。

何度でも同じように受動的に

さて、受動と能動、あるいは受信あってこその発信についてですが、ここに**「自分を騙す」という意識の使い方、身体の使い方の鍵**があります。

先に、動物が危険を察知して立ち上がった姿のお話をしました。似たように、演技としてハッとする場合、能動的になっては変だということは、どなたもおわかりいただけると思います。「ハッと」というのは、「思わず」するものですから。

けれど、これを実際に演技で行おうとすると、意外に難しいものなんです。ハッと息を吸い込むことはできても、それが本当のハッとではないことは、演じる本人がわかるはずです。なぜなら、本当にはハッとしていないから。と、何だか堂々巡りになりそうですね（笑）。でも安心してください。そうはしませんので。

舞台での演技では、**何度やっても同じように**ハッとできないと困ります。映像なら、何度かやって一番うまくいったものを使えばいいのですが、そういうわけにはいきません。

よく、表現の場では「それが初めてかのように」ということが求められます。ある場面でハッとしなければいけないことはわかっていても、「わかっていなかったように」が求められるわ

呼吸に「騙し」を入れる

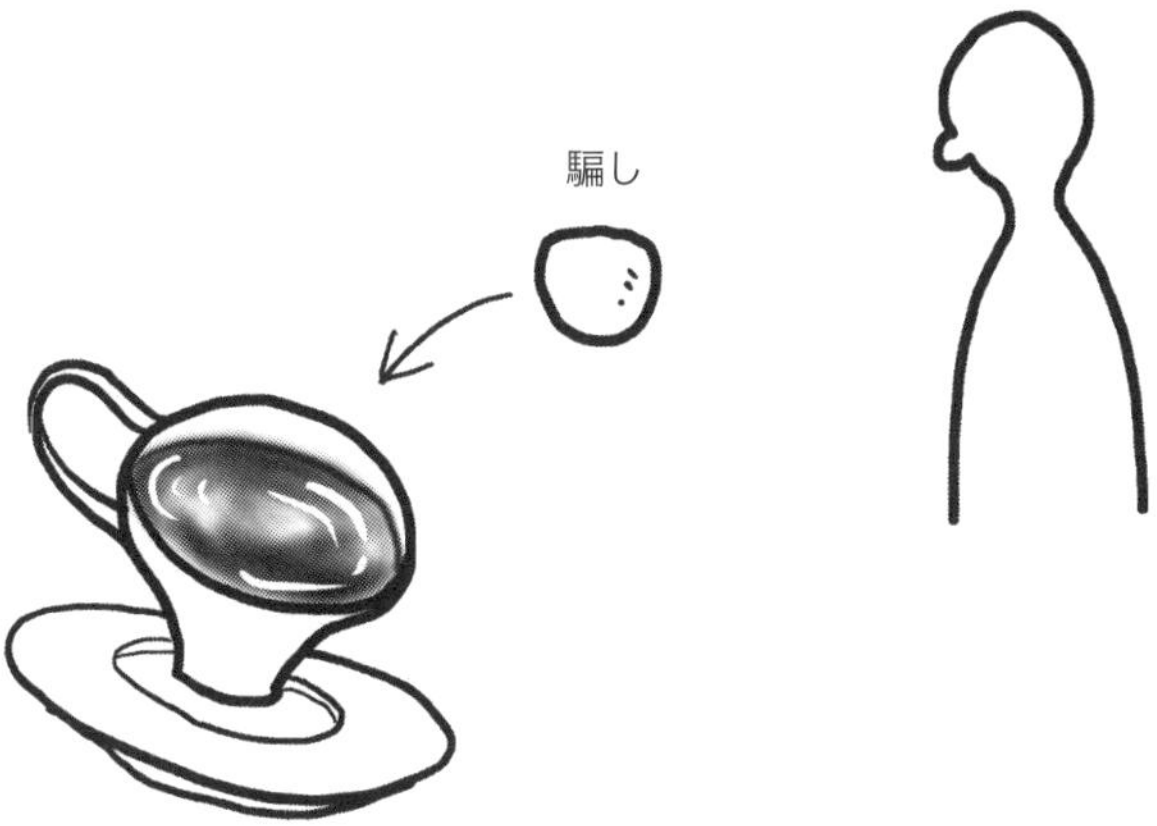

けですね。
　即興というのは、この予定を排除することで、リアリティを持たせるものです。しかし、即興であればうまくいくわけでもないのが、難しいところです。
　何度でも同じように、同じ場面でハッとできるかどうか？　ハッとするには何が必要か？　それは、**「自分の呼吸に騙しを入れる」**ことなんです。そしてそのことによって、あるいは付随して**「エネルギーのありかを、瞬時に入れ替える」**のです。

呼吸に騙しを入れる

まず、呼吸に騙しを入れるとは、どういうことか？　詳しく見ていきましょう。ハッとする場合で、見ていきます。

先ほど、「ハッと息を吸い込むことはできても」と言ったように、息を吸い込むには吸い込むのですが、普通は吸い込むために、吐き切っている必要がありますね。それが普通のリズム。けれど、ハッとする場合に必要なのは、「思わず」ですから、**吐き切る前に吸う**必要があるんです。

これは、この本を読みながらでもできると思いますので、ぜひその場で試してみてください。は～っと息を吐きながら、吐き終わる前、吐き始めの直後よりはちょっと吐いたかな？と思うくらいのときに、ごく小さくハッと息を吸ってみるんです。どうですか？　何度かやってみてください。何だか、**本当に驚いたような感覚になりませんでしたか？**　本当にちょっとハッとした（笑）。

もし、そういった感覚にはならなかった人も、次の「エネルギーのありかを、瞬時に入れ替える」を加えると、良い感じになると思います。

ハッとした状態を絵にした際、上方向にラインを描きました。覚えていますよね。つまり、ハッとするには準備としてまずは下にエネルギーがあるほうがやりやすいんです。どこかあらぬところでもいいのですが、ちょっと難しくなりますから、ここでは下にしておきましょう。

息を吐く際にお腹に意識を向けます。そしてハッと息を吸い込むとき、**頭を膨らませる、あるいは目をパッと開く**のです（まぶたの動きよりも、瞳孔を開くくらいのイメージのほうがオススメ）。

どうでしょうか？　お付き合いいただき、ありがとうございます。うまくハッとできた人も多かったのではないかと思います。

何か本当っぽい？くらいで十分です。完璧にできる場合以外を、できていないと思ってしまうのは、向上心としては素晴らしいですが、変化を見逃さずに進んでいくという面からは、良いこととはいえません。小さな変化、向上に喜びを感じられるようにしてみてください。

ハッとするという、**受動性の高いものも、こうすると能動的にできる**わけです。そしてその証拠に、本当にハッとした感じがする。面白いと思いませんか？　自分の意識って何だろう？と思ってしまいますよね。

遊び心とは、自分に「騙し」を入れること

こういったものは、物事を四角四面に考える人、真面目な人には難しかったりします。スポーツなどで真面目に一所懸命やっているのに…、という場合は、このような遊び心が足りないからといえます。**遊び心とは**、不真面目ということではないんですね。**自分に騙しを入れること**です。

例えば、憧れの人になり切ってプレーしてみると、何だか普段の自分よりも良い動きになったりしませんか？　それも、遊び心ですね。自分に騙しを入れられたからです。

真面目というのは、**「自分」から離**

れられないということ。社会的に良い人かどうかとは関係なく、**「エゴ」が強い**のです。社会的に良い方向に働くことはありますが、ただ一人の生き物としては、ストレスの高い状態です。真面目な人ほど、どこかで爆発的なことをしてしまうのは、不思議でも何でもないわけです。

お話はそれますが、サッカーのプレーが南米と（昔の）日本とで違いがあるのは、呼吸に騙しを入れられるかどうか？にもあるように思います。

これは単なる印象ですが、音楽が**リズム重視の人は、呼吸に騙しを入れやすい**。一方、リズムよりも**メロディーの人は、呼吸に変化をつけづらい**。メロディー型は、待って・発揮という、野球や相撲のようなものが性に合うように思います。

そして、おそらく**武術の達人**は、呼吸に騙しを入れることに長けています。同時に、空間・重さの変化によって、相手の気を誘導することにも長けているのでしょう。

私はもちろん、武術の人ではありませんが、演技ではやはり、空間・重さの変化によって観客の視線・意識を誘導すること、呼吸に騙しを入れることが重要になります。これも、「自分」が強く能動的にしか動けないと、不可能なんですね。

「自分」が強く能動的に演技すると、観客はその演者しか目に入らなくなるんです。自分のタレント性をアピールするのでしたら、むしろそのほうがいいのです。しかし、表現されるべき時間や空間の変化に観客を巻き込むとなると、それでは無理があるんですね。**表現が主役か、本人が主役か？** ということとも言えます。

重心と意識のありか

「自分を騙す」を呼吸の面ではなく、純粋に動きの面で見てみましょう。この鍵になるのは**「重心移動」**です。

重心移動は、多くの場でその重要性がいわれます。これはつまるところ、重さを移動させることですから、これまでお話ししてきた**空間・重さの変化**です。しかし、ここで重要なのは、**その変化に乗る**ということになります。

ここでも、能動・受動は大切です。先に、走る際に声を出しているかのようにとお伝えしました。これも自分の少し先に伸ばした空間や向こう側に移っていく重さに、追いつこうとするだけではないのです。**同時に、向こう側から引っ張られるようなものが必要**なんですね。

必要といっても、あまり考えすぎてわざとらしく実行することではありません。**能動的であ**

りながら、どこか受動的であって欲しいのです。それが、空間・重さの変化に乗るということになります。

また、走ることを例にします。良い走りをしようと姿勢や腕振り、脚の動きなどの身体の使い方に意識が向きすぎると、目線が自分の内側にいってしまいます。

そこで、「遠くを見ましょう」とアドバイスを送ったりするんですね。このとき、見てるフリでは困ります。「遠くを見ましょう」と促すのは、**自分の身体から離れることを期待しているんです**。つまり、自分の内側に向かってしまっているエネルギーを、外へと動きが出るようにしたいのです。

目線の先に、重心は移動していきます。**重心というのは、意識のありか**にもつながってきます。例えば、目線を右に寄せると、自然に体は右のほうへと傾いていき、右に歩いていったり、手を伸ばしたりすることが自然にできます。逆に、目線を右に寄せたまま、左に歩いていったり手を伸ばすのは、とても不自然になりますよね（表現の場では、このような自然な行為と不自然な行為の混ぜ具合によって、表現の波を起こします）。

目線が落ち着かないと、重心が定まりません。目線が内向きであれば意識が内向き、何か考え事をしているのかな?ということです。外向きでしたら、その目線の先にあるものに心が持っていかれている、重心が持っていかれているので、体が不安定になっている場合があるということですね。

それだけ、**目線の扱いは重要**ということでもあります。ですから、まずはこのような目線を上手に使って、重心移動を能動的に行うだけでなく受動性を生じさせることで、楽でスムーズな動作をしたいのです。

その上でさらに、目線と切り離した重心移動ができると、スポーツのフェイントや武術など格闘技系などで、有利になります。かなり高度な身体の使い方ですが、目線と関係なく、空間・重さを変化させ、そこに身体を預けていく感じです。これは、自分の身体に意識が向きすぎているとうまくいきません。やはり受動的な動きが必要になります。

もちろん、目のほうも「見る」ではなく「見えているように見る」ことを学ぶ必要があります。一般的には目線の先に意識と重心があるところを、訓練によって、目線とは関係ないところに、意識と重心を持っていけるようにするのです。

これが実行できると、自分自身がどこか「あれ?」という感じを覚えます。自分が騙されているような感覚ですね。

自分を騙すように重さを外す

このような、重さや意識の扱い方は、「難しいことをしましょう」ということではなく**「楽をしましょう」**ということです。体への負荷が小さく済みます。心の負荷が小さく済みます。

そこで、走るほど大きなエネルギーを要するものではなく、もっと楽で身近な行為で味わっていただこうと思います。目線で誘導するのとはまた違った重心の扱い方として、**「椅子から立ち上がる」**です。

イラストを参考に、二つの方法を試してみてください。ちょっと読んでいる本を置いて、やってみてくださいね。

①両手に持っている（想像上の）荷物を足元に落とす、あるいは転がす。転がしながら、あるいは転がし始めたら、それにつられるように立ち上がる。

重力の利用　～荷物を落としながら立ち上がる

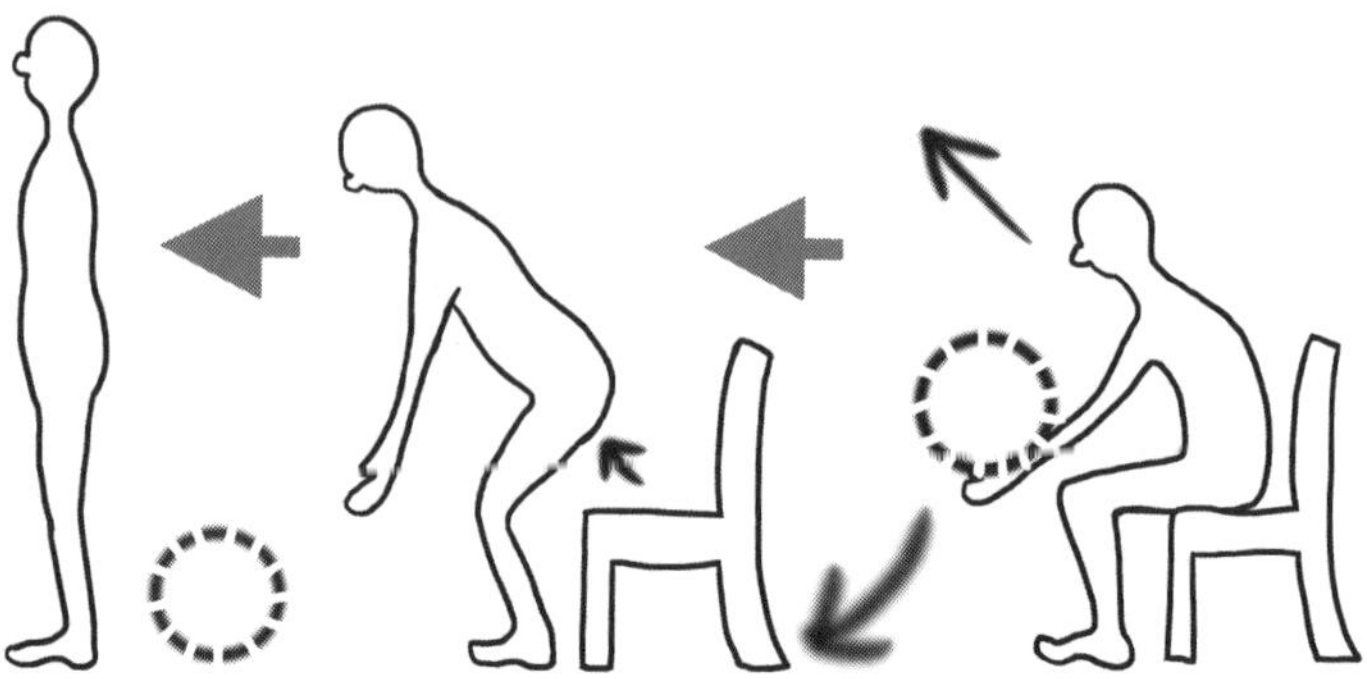

イメージ上の荷物を、前方に落としながら立ち上がる

反力の利用　～荷物を投げ上げながら立ち上がる

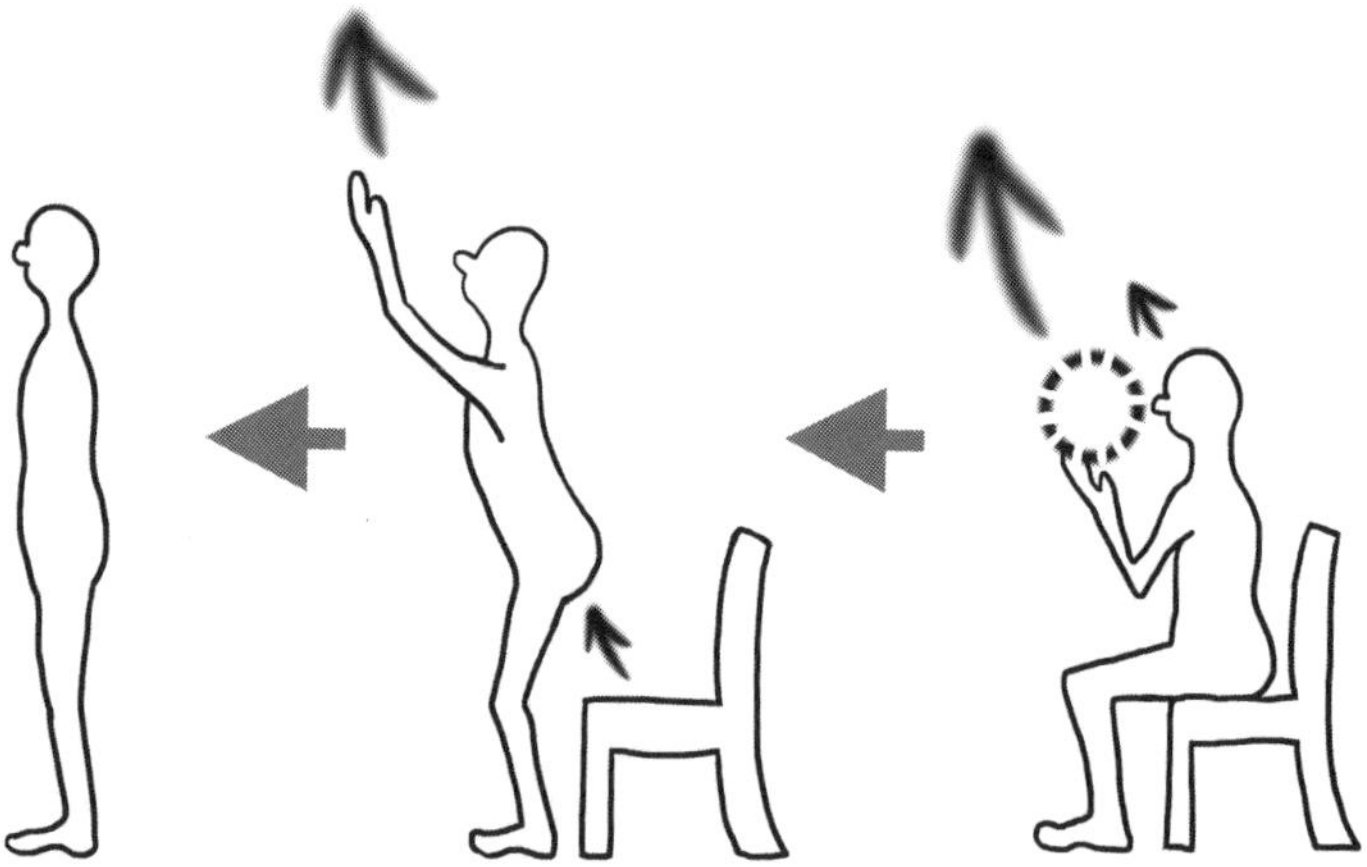

イメージ上の荷物を、上方に思いきり高く投げながら立ち上がる

②両手に持っている（想像上の）荷物を、思いきり上に投げ飛ばしながら、立ち上がる。

どうですか？　どちらも立ち上がりやすくありませんでしたか？　立ち上がり方の感触は異なりますが、それぞれの良さを感じ取れるのではないでしょうか？

このように、想像上の荷物を設定すると、空間・重さの変化、エネルギーの流れが、より具体的にわかりますよね？　わかってくると楽しくなりませんか？（慣れてきたら、この両手の荷物を扱う動きを、どんどんさり気なくしていってみてください）。

椅子から立ち上がるとき、自分にエネルギーが向いていると、筋力に全面的に頼る感じになり、重い体を持ち上げる・運ぶという重労働になります。けれど、重さを自分の外に想定して、その重さを移動させるようにすると、それだけ自分の体が軽くなる。気持ちいいですよね。

自分に正直に動いている場合、自分の重さをそのまま味わうことになり、**自分を騙すように重さを外に出すようにすると、本当に軽くなる**。そういった感じです。

筋トレの必要・不必要ということも、こうした動き方をした上での筋トレであるかどうかは、非常に重要になります。筋肉を鍛えるためというよりは、いかに筋肉に楽をさせるか？という

思考はカラダをこわばらせる

立ち上がるときの
良いカラダの使い方とは…
まず〇〇して、次に〇〇して、いや、
その前に〇〇…だったかな??
ちょっと待って…って、誰に待ってもらうの？
いやいや、それはどうでもよくて…
えっと、何をしようと
してるんだっけ??

視点で筋トレを捉えられるかどうか？です。

言い方を変えると、**筋肉を鍛えたいのか？ 動き方を訓練したいのか？**になります。

ところで、この紹介した二つの椅子から立ち上がる動作で、荷物を落としきってから、あるいは投げ上げきってから立ち上がったのでは、全く重心移動の恩恵が得られないことは、おわかりいただけると思います。

「〇〇しながら」が、**空間・重さの変化に乗る**ということですね。

このように、ただ立ち上がるといった、パッと終わってしまう行為なら、空間・重さの変化に乗ることは比較的容易です。しかし、走ったり、様々に方向を変えながら持続させるとなると、難易度は上がります。**空間・重さを変化させ続け、乗り続ける**訓練が必要になるわけですね。

動くということは、この流れを切らさない・止めないことが重要です。「骨の微動」とは、見た目は止まっていても、中は動いている状態（これを**「静止」**といい、**「停止」**とは違うという理解は重要です）でした。このことも含めて、常に流れの中にいられるようにする・流れを生み出せるようにします。そう心がけると、随分と世界が変わってきます。

おわりに

動物的な意味での人間に

ここまでお読みくださって、ありがとうございます。スポーツや武術などでの身体の使い方だけに関心を持って読み始めた方には、表現にまつわることが多く、少々読みづらかったかもしれません。

一方、役者でなくても、表現が必要とされる方には、心・内面の表現と身体の関係に興味を持ってもらえたかもしれません。

最後に。肉体的にも内面的にもエネルギーを純度高く扱うということは、動物のようであったり、小さな子どものようであったりするわけです。けれど、本当にただ動物、ただ子どもでは、困ります。**あくまで大人として、そういった部分を持っていたいのです。**

結局のところ、**動物的な意味での人間、小さな子どもとしての大人**であることが求められると思うのです。

動物的な意味での人間になる

動物的な意味での人間、小さな子どもとしての大人とは、感情は豊かでありつつ、感情に振り回されたり、飲み込まれたりしません。もちろん、感情を失っていくような押さえつけをするのでもなく、どんな感情も許容しつつ、その表出には理性を働かせるということです。

動物的な意味での人間、小さな子どもとしての大人とは、理解の範囲内の動きをするのではなく、いつでもその場に応じた最適な動きが自然と発動されること。

運動後の爽快感ではなく、ただ快適なように動く。全身が目的に適うよう、協調性高く動く。つまり、動くことを目的とせず、エネルギーを流すだけ。

そして、動物的な意味での人間、小さな子どもとしての大人になるためには、「自分」に囚われない、「自分」を外す、他者たり得る自分でいる、といったエゴの薄さが求められます。けれど、それは自分をなくすということではありません。自分の外に正解を求めるのではなく、**全ては自分の深いところに見つけること。**

全ては自分の深いところにあるということを、盲信ではなく、体験によって信じていく。そうすることで、**自分自身に希望を見出していく**ことができると思います。

伝える・伝わる

前著は『「動き」の天才になる！』でした。けれど、真の天才は、自分のやっていることを言語化できないからこそ天才。私の一連の著書は、**「言語化でき**

ないようなことを、体現できるようになりましょう」と、何とか言語化している ものになります。

天才といわれる人は、普通の人の感覚がわからないので、自分の感覚の話を一方的に伝えることになりやすいのです。ですから逆に、普通の人は天才の言葉を、たとえ自分たちと同じ言葉・言い回しがあっても、それがそのまま自分たち普通の人の理解の範囲の言葉として受け取ってはいけないのです。

元々、運動神経も悪く、表現力もなかった私だからこそ、こうしてその橋渡しができるのではないかと思っています。

もちろん、本書の内容も、すぐにはわからないことが多いと思います。それは、普通には経験したことのない領域のことだからです。とはいっても、**かつて誰もが子どもだったように、どこかで経験しています。**わかるチャンスはあるわけです。

また表現のお話になりますが、他者に伝える場合に大切なことは、相手の立場に立つということです。当たり前ではあるのですが、舞台など不特定多数に向けて表現する場合は、広く一般的な人を想定する必要があります。そのような**「いわゆる普通」という目線を持つことが大事**です。

表現の中身がどれだけ特殊・個性的なものでも、伝える場合には、そのままの形ではなく、普通目線を想定して、その橋渡しの方策を考える必要があるわけですね。ですから、お話ししたように、例えばアートマイムのいう「動きを見せない」も、普通の感覚に対して違和感を与えないように動くということでした。

このように、**自分自身の感覚と相手の感覚とをすり合わせていくこと**が、伝える・伝わるということだと思っています。

この本は、運動神経も悪く表現力もなかった昔の自分に向けて書いているような感じでもあります。当時の私のような状態の人が、違う領域に入ってこられることを信じて。

本書が少しでも力となり、希望につながれば幸いです。

著者◎JIDAI ジダイ

1985年から独学でパントマイムを開始。1996年から約10年、舞台芸術としての（ポーランドの）アートマイムをテリー・プレス氏に師事。それを機に「マイムこそ人生」と活動の幅を広げる。並行して日本舞踊を藤間玉左保氏に師事。14年間にわたる日本で唯一のアートマイム指導を経て、2010年より「JIDAI ORGANIC MIME」主宰となり、2012年「日本アートマイム協会」創立。ポーランド国際マイム芸術祭にはゲストとして6度招聘。身体で紡ぐ詩はときにシュール、ときに恐ろしく、ときに優しい。そんな舞台作品の発表を国内では劇場シアターX（カイ）で定期的に行い、さらに劇場主催の俳優修業「アートマイム塾」での指導にも携わっている。

また、独自の感情表現訓練法「エモーショナル・ボディワーク」や、武術、スポーツ、各種ボディワークの研究を活かした身体の使い方教室、響声ワーク、原始歩きなど、様々な活動を行っている。

著書に『「動き」の天才になる！』『筋力を超えた「張力」で動く！』（BABジャパン）、DVDに『脳の書き換え体操』『張力の作り方』（BABジャパン）など。

◎マイムアーティストJIDAI
http://jidai9.wixsite.com/jidai

イラスト ● JIDAI
本文デザイン ● 澤川美代子
装丁デザイン ● やなかひでゆき
公演写真協力 ● Theater X

再創造する 天性の「動き」!

感情＝身体エネルギーで、「思い通り」を超える能力が発現

2021年7月5日　初版第1刷発行

著　者　JIDAI
発行者　東口敏郎
発行所　株式会社 BAB ジャパン
〒151-0073 東京都渋谷区笹塚 1-30-11　4・5F
TEL 03-3469-0135　FAX 03-3469-0162
URL http://www.bab.co.jp/
E-mail shop@bab.co.jp
郵便振替 00140-7-116767
印刷・製本　中央精版印刷株式会社

ISBN978-4-8142-0400-7 C2075

DVD　身体エネルギーの再発見
張力の作り方

すきまとは、主に骨と骨の間（関節）、気道（呼吸の通路）、誰にでもあるもの。キーワードは収縮ではなく膨張です。全身の“すきま”に着目した身体訓練法で愛好家の注目を集めるJIDAIメソッドを開発者自らが豊富な実践法と共に丁寧に解説。自分の体を再発見して、軽やかながらも全身に力が満ちる質の高い体と動きの土台を作るDVDです。

■指導・監修：JIDAI
■収録時間51分　■本体5,000円+税

DVD　常識の殻をやぶる
動きの天才になるDVD

「流れのない動き」「無意識の力み」「小手先」は、武術、スポーツに限らず「上手く動けない」人の潜在的問題点。この悩ましい状態を誰にでもトライ出来る方法で良い状態に導いていくのが身体のレッスン「JIDAIメソッド」。そのメソッドを大好評書籍『動きの天才になる』に関連させ分かりやすく映像でまとめたものが、本DVDとなります。

■指導・監修：JIDAI
■収録時間51分　■本体5,000円+税

BOOK Collection

BOOK 筋力を超えた

「張力」で動く!

言葉を用いず自己の内面を身体で表現するマイムの追求から辿り着いた、動きの極意。それは、局所を収縮させず、身体の「すきま」を潰さない動きだった。スポーツ、武術、身体表現…、すべてに通じる「力まない動き」! 全身をつなげ、エネルギーを通す! あらゆる「動き」が質的転換される方法をわかりやすく紹介。

■ JIDAI 著 ■四六判 ■208頁
■本体1,400円+税

BOOK 筋トレ・ストレッチ以前の運動センスを高める方法

「動き」の天才になる!

力みなく、エネルギーを通す、最大効率の身体動作を学ぶ!! 無理な身体の使い方だと気づかずにトレーニングすれば、早く限界が訪れケガもしやすい。思考をガラリと変えれば、後天的に運動神経が良くなる! エネルギーラインが整った動きは、気持ち良い。語り得なかった“ 秘伝”をわかりやすく! あらゆる動作が向上!

■ JIDAI 著 ■四六判 ■256頁
■本体1,400円+税